《我们深圳》文丛

首部全面记录深圳人文的非虚构图文丛书

《我们深圳》丛书，

因"我们"而起，为"深圳"而生。

这是一套"故园家底"丛书。

这是一套"城市英雄"丛书。

这是一套"蓝天绿地"丛书。

这是一套"都市精灵"丛书。

《我们深圳》，是你的！

谨以此书献给深圳经济特区建立四十周年

我们深圳

THE ROAD TO
SHENZHEN

漂洋过海来深圳

杨点墨／著

深圳报业集团出版社

蛇口"海上世界"的大游轮是由法国建造的万吨级豪华游轮，1973年被我国购买后命名为"明华轮"。1979年，廖承志曾率团乘此船出访日本，它因此被称为"中日友好船"。1983年8月，"明华轮"完成了最后一次航行，抵达深圳蛇口，经过整修改造，成为集酒店、娱乐为一体的中国第一座综合性的海上旅游中心（孙奕天 摄）

深圳高新科技园，"中国智造"之园（孙宇昊 摄）

深圳罗湖火车站，印下无数漂洋过海而来的城市旅人足印（孙奕天　摄）

世界之窗，深圳人看世界的窗口。世界之窗，世界看深圳人的窗口（孙宇昊　摄）

华侨城洲际酒店的年份墙上，记取了城市的历史以及上空的云卷云舒

五月的华侨城生态广场，怒放的凤凰花，倾城燃动（孙宇昊 摄）

深圳大鹏湾海天一色，
让城市驿动的心栖息在一汪
碧蓝间

029

总 序

《我们深圳》?

是的。我们,而且深圳。

所谓"我们",就是深圳人:长居深圳的人,暂居深圳的人,曾经在深圳生活的人,准备来深圳闯荡的人;是所有关注、关心、关爱深圳的人。

所谓"深圳",就是我们脚下、眼前、心中的城市:是深圳市,也是深圳经济特区;是撤关以前的关内外,也是撤关以后的大特区;是1978年以来的改革热土,也是特区成立之前的南国边陲;是现实的深圳,也是过去的深圳、未来的深圳。

《我们深圳》丛书,因"我们"而起,为"深圳"而生。

这是一套"故园家底"丛书,它会告诉我们:深圳从哪里来,到哪里去,路边有何独特风景,地下有何文化遗存。我们曾经唱过什么歌,跳过什么舞，点过什么灯，吃过什么饭，住过什么房，做过什么梦……

这是一套"城市英雄"丛书，它将一一呈现：在深圳，为深圳，谁曾经披荆斩棘，谁曾经独立潮头，谁曾经大刀阔斧，谁曾经侠胆柔情，谁曾经出生入死，谁曾经隐姓埋名……

这是一套"蓝天绿地"丛书，它将带领我们遨游深圳天空，观测南来北往的鸟，领略聚散不定的云，呼叫千姿百态的花与树，触碰神出鬼没的兽与虫。当然，还要去海底寻珊瑚，去古村采异草，去离岛逗灵猴，去深巷听传奇……

这是一套"都市精灵"丛书，它会把美好引来，把未来引来。科技的、设计的、建筑的、文化的、创意的、艺术的……这座城市，已经并且正在创造如此之多的奇迹与快乐，我们将召唤它们，吟诵它们，编织它们，期待它们次第登场，一一重现。

这套书，是都市的，是时代的。

是注重图文的，是讲究品质的。

是故事的，是好读的，是可爱的，是美妙的。

是用来激活记忆的，是拿来珍藏岁月的。

《我们深圳》，是你的！

胡洪侠

2016年9月4日

目录

CONTENTS

第三章

长日漫歌，舞动青春的猎猎旌旗

引言

深圳，中国最早实行对外开放的四个经济特区之一，历经四十载风雨的洗礼，已然嬗变为一座颇具影响力的现代化国际大都市。形气转续，变化而嬗。深圳，这个中国改革开放的窗口和前沿阵地，创造了举世瞩目的"深圳速度"。"设计之都""时尚之城""创客之城"等各种美誉更是令人目不暇接。

在2018年GaWC（全球化与世界城市研究网络）发布的世界级城市名册中，深圳首次入围Alpha级，成为全球55个世界一线城市之一。深圳排名为"Alpha-"级别，位列香港、北京、上海、台北、广州之后。

在"魅力中国——外籍人才眼中最具吸引力的中国城市"评选活动中，深圳自2010年起，已是连续9年荣登榜单。这个评选活动的独特之处在于，它是国内唯一一个完全由外籍人才参与评选的引才引智"中国城市榜"。该评选活动由国家外专局主管的中国国际人才交流与开发研究会和《国际人才交流》杂志联合举办，通过网络投票以及在华工作外国专家评审团选出10个城市。外籍专家评委团队由数位诺贝尔奖得主、中国政府友谊奖获得者等数十名高端外国专家组成，充分展现了评选结果的权威性和专业性。

深圳，一座位于北回归线以南，东经113°46'至114°37'，北纬22°24'至22°52'之间的城市；深圳，一座雄踞珠江入海口之东偏北，受亚热带季风气候的偏爱，常年平均气温忠于22.4℃，屡屡入冬失败的城市；深圳，一座拥有中国第一个以个人名字命名的国家级美术馆的城市；深圳，一座以"一街两制"的独特政治历史而闻名于世的城市；深圳，一座敲响了土地拍卖第一锤的城市……以她迷人的身姿，款款步入全球大视野。资本以自身逐利的原始本性加上敏锐的嗅觉，快速地漂洋过海，登临深圳。

古老的东方，年轻的深圳，一个簇新的"诗和远方"。不同的人种、不同的肤色、不同的言语，从地球的不同角落跋涉而来，奔赴这个叫"深圳"的地方，一个充满魔力的Neverland（梦幻岛）……

深圳外事服务部门的数据显示：2015年，深圳市临住外国人为115.2万人次，比2014年增加17.4%；常住外国人26579人，比2014年增加7.2%。在常住外国人中，从国籍分布看，来自全球127个国家（地区），人数位居前五名的是日本、韩国、美国、印度和加拿大，从居住区域看，南山区为11934人，福田区为5565人，两区的总数占全市的65.8%；从人员类别看，就业者及家属18747人，占总数的70.5%。全市涉外单位（机构）共11319家，世界500强企业在深设立分公司的超过260家。2017、2018年的数字在此基础上逐年增加。

这群在深圳的外籍人士有一个共同的名字：Expatriate（老外）。他们是深圳这座城市成长的见证者，在这座城市的记忆里，也清晰地刻录下了他们走过的每一个春夏秋冬。

「三来一补」是中国改革开放后加工贸易、外向型经济的最初形式，也是中国以劳动力优势参与国际分工的起始点。

第一章

漂　洋　过　海

梦 回 鹏 城 的 九 零 年 代

安格斯先生随着汉堡
一起来到深圳

      安格斯先生毕业自美国的名校，在来深圳接受某外资公司亚太区财务总监这个职位之前，他一直在美国的大公司做财务总监。这家位于深圳罗湖的大型食品公司，是国际知名快餐连锁品牌的大股东及供应商。拿到美国总部的委任状时，他的美国太太比他显得更高兴。她一直对遥远的东方非常好奇，由于好奇又滋生出了好感，好感累积到一定程度后，又马上付诸行动——嫁给了兼有英俊亚洲面孔和魁梧欧美身材的安格斯先生，圆满了她的东方梦。

      安格斯先生的父辈是1949年以前从祖国大陆移徙至台湾的，他到美国读完大学后便留在北美工作。在中国引进外资的热潮中，汉堡也长出了双翼，从芝加哥飞奔而来。他的华裔背景无疑是派驻中国的加分项。

      无论是总部的亚洲事务顾问，还是安格斯本人，都清楚地意识到，文化差异及地理距离这些因素都会构成外商直接投资的壁垒。不同的文化背景会导致人们在价值观念、思维方式和行为模式方面的巨大差别，由此产生的文化误解和文化冲突会增加交易成本，从而成为不可预估的阻力。

      在"回"中国工作之前，他和太太通过各种渠道尽可能详细地

罗湖口岸是联结香港和内地的第一口岸,位于深圳罗湖商业中心南侧,与香港新界一河之隔,是改革开放前深圳仅有的两个陆路口岸之一,改革开放前外国人多由此入境。罗湖口岸多年来一度是中国客流量最大的旅客出入境陆路口岸

了解中国改革开放的信息,热切地关注着深圳等经济前沿城市的新闻和资讯——

从1978年开始,中国实行改革开放。最早期利用外资的形式叫"三来一补",内地企业依靠境外厂商提供的原料、技术、设备等,根据对方提出的产品质量、规格、款式等要求,完成加工、组装、整合等基础制造环节,最后把产品提供给境外厂商,获取相应的回报。根据《人民日报》的报道,当时深圳积极引进境外资金,发展生产,扩大对外贸易,与香港客商合作办成的首批29个来料加工

厂，涵盖了无线电、五金、皮鞋、皮箱、皮袋、工艺、服装、餐巾纸、毛织品等各种行业。这些企业成为改革开放初期深圳经济发展的根基。

"三来一补"是中国改革开放后加工贸易、外向型经济的最初形式，也是中国以劳动力优势参与国际分工的起始点。许多"三来一补"企业后来逐步发展成以自产产品为主的"三资"企业，即中外合资经营企业、中外合作经营企业、外商独资经营企业，其中较大型的有康佳公司、中华自行车等企业。到1985年底，深圳特区已与外商签订协议4696项，协议投资33.5亿美元，占全国直接利用外资的六分之一强。安格斯先生他们在深圳设立的公司就是中外合资这种形式的。

1979年，中国第一部关于外资的法律——《中华人民共和国中外合资经营企业法》应运而生，为外商投资提供了法律上的保障。同年，中共中央决定在深圳、珠海、汕头、厦门四个城市设立经济

改造后的黄贝岭村高楼林立，焕发新颜（孙奕天 摄）

特区，以减免企业所得税和进口关税等优惠政策吸引外资。嗅到改革开放春天气息的外资企业和港资、台资企业，纷至沓来。中国香港、中国台湾以及东南亚等地的资金开始逐步涌入内地（祖国大陆）市场。

从1979年至1985年这6年是外商投资的快速发展时期，这期间批准的中外合资经营企业、中外合作经营企业、外资企业累计达6319个，登记注册的企业有5400多个，总计协议外资金额为163亿美元，呈现出一派欣欣向荣的势头。

1986年，为了进一步保障外商投资企业的自主权，减少行政干预，改善投资环境，使外商投资更加法治化、便利化，国务院制定了《国务院关于鼓励外商投资的规定》及22个实施细则，对税费缴纳、补贴、出口便利化等方面做了细致规定。

1991年，国务院批准深圳福田、沙头角，天津港等沿海重要港口设立保税区，发展保税仓储、保税加工和转口贸易。

……

安格斯先生所在的集团公司选准时机，大踏步地跨入了中国，来到了深圳。美国总部除了许给安格斯先生丰厚的外派薪酬、可观的异地安家费、子女在香港的教育开支，还提供给配偶异国文化方面的融入适应课程。这种能够近距离地接触传说中神秘的东方国度的机会，让安格斯太太兴奋异常。

安格斯先生有三分之一的时间是在内地，其余时间则是在香港办公，偶尔会回美国总部出差。他和太太及孩子们住在香港。香港有比较好的国际学校，能与国际接轨的全英文教育。另外，虽然太

1992年，深圳三资企业产品展销暨项目洽谈会（图片提供　深圳外商投资企业协会）

太极度愿意敞开胸襟拥抱东方文化，但是香港的国际化程度毕竟比较高，在"融入"过程中如果出现什么状况的话，可以便于趋利避害。

公司给外方高级职员提供的公寓在罗湖口岸附近，无论是去深圳的工厂还是返港，都很便捷。但安格斯先生大多是当日返回香港的家，除非遇到特殊情形，才会偶尔住一下公司的公寓。财务部的两个单身的香港会计主管WG和TL，他们是长住在罗湖的公寓的。

20世纪90年代的罗湖是深圳最繁荣的一个区，高级写字楼、国际品牌连锁酒店、高端住宅区云集。当时中国人流量最大的陆路出入境口岸——罗湖口岸，夜以继日繁忙地吞吐着在深港两地间穿梭往来的巨大人流。公司选择在商业最发达的罗湖区给高级职员租赁的高档公寓，无论地段、外观、内部装修，还是物业管理等各方面都无可挑剔，以充裕的预算充分显示了管理层对他们的诚意和厚爱。

20世纪90年代初，大批内地求职者涌入深圳，但外语人才并不是太多。跨国公司的财务管理全球共用一套系统，或者是SAP（System Applications and Products，一款企业管理系列软件），或者是Oracle（甲骨文），会计人员必须具备用英文处理账务以及操作英文财务系统的能力。很多刚从内地来深圳的会计人员甚至都没使用过电脑，只会打算盘及手工记账，而且应试教育培养出来的哑巴英语，在外企需要真刀实枪操练的时候，更是捉襟见肘，四处漏风。所以，那时内地员工大都徘徊在文员、助理等初级岗位。

当然，求职者对于提高英语水平和电脑技能的迫切需求，极大地刺激和带动了各种培训市场的繁荣。除了正常的上下班高峰外，晚上九点后的"充电"下课人流高峰，是这个年轻城市非常动感、无比蓬勃的一道风景。

外商投资企业抢滩中国的时候，由于不太熟悉内地的情况，加之政治局势等考量因素，他们会先选定一个同内地有密切关联的国际化程度高的国家或地区作为第一站点，成为整个亚太区的总部，以此来辐射东南亚、东北亚，覆盖整个大中华。彼时在腾飞中的亚洲四小龙之新加坡和中国香港往往被赋予这样的角色。

CEO、董事总经理、财务总监等高端管理人才由美国总部在全球范围内猎取，亚太总部成立后，人力资源方面的配备逐个地区逐个层次落实到位。在安格斯先生组建的财务部亚太区中级管理团队中，一个香港的财务经理雷先生，两个会计主管WG和TL都要常驻深圳。

照理说香港的财务经理雷先生应该同那两个会计主管一样都住在罗湖的公寓，方便上下班。但他是已婚人士，别说长住在深圳的公寓，就是在深圳过夜都不被太太允许。北上"揾食"（方言，指谋生）的港男中，"包二奶三奶"的传闻在香港的一些八卦小报上并不鲜见。像黄贝岭村、皇岗村等地方，"小香港"的名声早就传过了深圳河。他的香港太太深知，诱惑无处不在，只有严防死守才能消除潜在的威胁。不论雷先生是多么自律多么有洁癖——中午食堂的免费工作餐从来不吃，只吃自带的雷太太做的便当或是用自带的矿泉水来泡港产车仔面。相比较通勤的频扑（方言，指奔波、劳碌），家庭的稳定压倒一切，罗湖桥那端的住家餸（餸，方言，指下饭的菜）、老火汤，不论多晚，都应该是每日不可撼动的期待和坚守。

这就是传说中的
跨国公司了

在公司里，处在管理层的外方人员自带一种优越感。台湾人由于没有语言沟通方面的障碍，和祖国大陆员工稍显亲近。午餐时间的白领食堂里，台湾人喜欢用他们软糯的腔调谈论一些国际时局和世界见闻，对蒋介石在1949年退守台湾等国共史上的一些大事件也从不讳言，十分跳脱超然地发表个人见解。很有谈笑间恩仇灰飞烟灭的况味。当然，当时祖国大陆一些落后的和国际惯例稍显脱轨的现象，也会成为港台同事和外籍同事揶揄和抨击的对象，让一些刚来自内地的政治气氛浓郁地区的同事感到很新鲜，着实体会到了"特区"和"开放"的更深层含义。

比如，财务经理雷先生有一次带新招的出纳主管到银行办理业务，这是离罗湖口岸很近的一家本土银行，那时还没有叫号机，窗口前排的长长的队伍中，有一些是欧美面孔，也有些是港澳同胞。大概某个柜台处理业务耗时过久，有顾客站得腿脚发麻，大厅内又没有空位子可坐，时不时有些人还插队，引发了一些口角。于是有一两个香港人便大着嗓门抱怨起来，指责银行的服务有失水准。本地银行尚处于刚刚从权威部门朝向服务机构的角色转换阶段，还没准备好接受国际口味的检阅和评判，一个女柜员被这当头棒喝震得当场崩溃大哭。

在外企，对工资的保密约定是写进了员工手册的，严禁员工间相互透露个人工资情况。刚从内地其他地方来深圳的员工也开始改掉了一见面互相打听每月挣多少钱的习惯。但一些敏感信息还是通过侧面渠道泄露了出来，原来除了内地员工，大家的工资水平也是参差不齐，因地而异、因人而异的。香港由于物价指数比较高，香港员工在公司内的薪资水平一直凌驾于菲律宾、马来西亚等国籍员工之上。此外，他们也觉得自己的英文水平和发音较之东南亚离伦敦更近。尽管他们的英语发音里不难察觉出粤语的痕迹。

当然，几乎所有的来自境外的员工都觉得自己的英语发音是最纯正的。总之，上班时间的外企写字楼里，各种混杂的口音热闹非凡，让初涉职场的很多菜鸟新奇地竖起耳朵：这就是传说中的跨国公司了，真是好国际化啊……

香港的会计主管 WG 和 TL 都是在英国接受的大学教育，这让内地员工很诧异，怎么能大材小用让海归屈就这么中级的岗位？在早先国人的意识里，"留学"是个金光灿灿的词语，意味着家庭高财力的投入和国际才识的获得。留学生应该是师夷长技以制夷的精英，是挽救民族于危亡、托举国家崛起的栋梁才对。见识日广后方才了解，在中国香港或新加坡这些开放程度高、经济发达的地区或国家，出洋留学是件很稀松平常的事情，一般来讲学业优秀的学生会首选本土的大学，然后才退而求其次出国留洋。当然，欧美的顶级名校另当别论。

WG 和 TL 像是商量好了似的，分别和两个内地同事谈起了恋爱，而且这两个女孩都来自四川。在外资公司的跨国跨地区婚姻中，四川女孩的身影可以说是频频出现，大概她们的外形和性格各方面都比较符合境外人士对配偶的预期和想象。

香港同胞对内地女孩的教育背景、综合质素等方面的一些偏见或微词，终是难敌职场上并肩作战后的日久生情。那时长时间加班还不是很普遍，WG 他们便有些闲暇可以拍拖。深圳的许多旅游景点像中华民俗村、锦绣中华等就在市区，游玩方便。五月份的时候，华侨城生态广场的凤凰花如火焰般喷薄，像极了他们热烈的恋情。在凤凰花的簇拥下，绿色的草地上绽放着白色的团状喷泉，就像一个硕大的棉花糖，源源不断地喷涌着甜蜜……深圳大剧院不但可以看电影，而且经常有芭蕾舞、钢琴演奏会等演出，票价远远低于香港的。不高的拍拖成本，漂亮的女友，新兴蓬勃都市里的发展机会……一切都朝着结婚这个美好的方向健步行走。

华侨城生态广场
棉花糖状的喷泉，源
源不断地喷涌着甜
蜜（孙宇昊 摄）

锦绣中华景区（孙宇昊　摄）

　　在一个做事以讲求速度著称的城市氛围里，WG很快就和漂亮的
四川女孩结了婚。因为在外企，夫妻是不可以同在一个涉及公司财
务或技术等敏感性质的部门共事的，WG的太太便辞职去了另外一家
外企。WG夫妇二人并没有在深圳停留多久，他们后来移民去了加
拿大。

　　1997年是一个意义非凡的历史拐点，曾一度引发了香港人的移民小热潮，这个热潮是双向的，既包含了从本港移向海外的，也包含了海外移回香港的。

　　而TL后来因为公司在西南设立分公司的缘故，和女友回了成都，盛年入川，当了上门女婿。这些都是后话。

中国民俗文化村（孙宇昊　摄）

瓶颈

英语能力是制约深圳本土员工发展的瓶颈，也是影响公司整体工作效率的症结。安格斯先生一直想方设法来改善这种现状。人力资源及行政部是他的下属部门之一，经理万女士是中资方选派过来的，因为本土员工的招聘和管理涉及当地的法律和法规，所以人力资源和行政经理一职是目前公司的中层管理职位中，最先实行本土化的。

安格斯先生要求人力资源部在招聘员工时要尤其注重应征者的英文技能，为此，他特地亲自草拟了一份财务专业的英文试卷，同时，他让其他的部门也效仿此举，以便能招录到合适的资优的雇员。对于现有的雇员，他准备开办一个英语培训班，每周抽出两天的工余时间来亲自授课。考虑到大家的水平参差不齐，他便和人力资源及行政部的经理万女士商量怎样分班。

万女士推荐了国内大学生的英语四六级考试试卷。其他来自境外的员工听说此事后，也摩拳擦掌，跃跃欲试，想借机在内地同事面前秀一下自己的英文水平。双方两轮的CET4（大学英语四级考试）和CET6（大学英语六级考试）测试PK下来，内地员工的成绩名列榜首，有些来自境外的员工甚至还达不到及格线。这个结果让安格斯先生及整个外方管理层十分诧异，总算是亲眼见识了一把本土员工超强的应试能力。安格斯先生索性不分班了，自己写教材，针对内地员工的短板，专注提升口语以及商务英语的写作水平。

内地员工在英语班上积极学习的劲头很让安格斯先生感到欣慰。深圳作为中国改革开放的前沿城市，国际化的脚步会越来越快。美国总部拟追加在中国内地的投资，管理层将会日益本土化。这些从内地不同地方汇集到深圳的年轻人，将面临无数潜在的机会和希望。

但是，本土员工目前的离职率实在是太高了，这和起初设立的薪酬方案起点过低当然有关系，人力资源部在处理员工关系上也力有不逮。另外，有部分本土员工是在内地其他地方办了停薪留职的手续再来深圳谋职的。谁也说不准这里的前景会怎样，一些人尚在观望和徘徊，随时准备撤回后方。本土员工中的文职人员还好管理一些，生产线的工人比较令人头痛，他们以长期低温的工作环境对健康不利、待遇过低为由，发起了几次大停工。

美国总部对这边的停工造成的停产很恼火，但又迟迟拖着不给工人提高工资水平。外籍总经理和厂长强硬地跳过了本该有的劳资谈判环节，铁腕式地炒掉了所有停工者，然后给人力资源部施压——务必在最短的时间内招募齐所有短缺的工人。但如果不能从根本上提升员工的待遇，只是一味地招新人进来，培训上手后没多久新人便又会因为对薪酬状况失望而离开。而且薪资待遇过低的公司形象在人才市场上传播开后，会对后续的招聘形成阻力。这些无疑

漂洋过海来深圳
梦回鹏城的九零年代

增加了公司部门间的内部矛盾。

不光是中国内地员工的离职率过高，外籍员工队伍中也出现了一些不稳定的状况。尤其是发生了"八五大爆炸"之后。回想起1993年8月5日那天，安格斯先生仍心有余悸，那是他生命记忆中最炎热的一天，那声巨响以及两朵硕大的蘑菇云久久地盘旋在他的脑海里，挥之不去。大班台的一角被震碎的玻璃划花了，但始终没让行政部换过一张新的。他偶尔会摩挲一下台角，体验那种粗糙的感觉。

那天，整个公司在人力资源及行政部的组织下迅速撤离，逃生时财务经理雷先生淡定地把财务部保险柜里重要的文件档案一起拿上，这个行为的积极结果在后续的保险理赔过程中很快得到了体现，很让安格斯先生刮目相看。有几个菲律宾和马来西亚的女同事边跑边哭——谁能料到在异国会遭遇如此不测……最坏的结局不过是客死他乡吧……

所幸最后公司并无伤亡。事后，安格斯先生用中国的古话对太太及孩子们笑称自己：大难不死，必有后福。但这并非意味着他从来没有产生过遁意。他无力绕过工厂的总经理和厂长去总部为内地员工争取更好的薪酬待遇，只能坐视畸高的离职率，自嘲公司是深圳外企的培训部。他从内心深处同情那些被解雇的工人，他们大都来自内地省份的经济状况堪忧、兄弟姐妹众多的农村家庭。他从情感上不是很认同这样的事实：总公司能够拿出财务预算来做公益慈善，但却吝于给贫困的操作工人稍稍提高一下工资——人均不到30美元的调幅。虽然说本土的员工有很多小毛病，有点偷懒，会利用

上海宾馆，曾经的地标，见证城市新的荣光（孙奕天 摄）

公司的小漏洞揩点小油，敬业程度有些欠缺……但经过充分的职业和职场训练后，这些问题都应该会有所改善。

他十分感激太太，始终作为家庭最坚强的后盾，把孩子们的学习和生活都安排照顾得很妥帖。在他繁忙的时候她还会到深圳来陪他，加完班之后一起度过美妙的二人世界。他们去上海宾馆那边寻故乡之味，让江南的狮子头或炒鳝糊温柔地慰藉他那环绕地球一圈后又兜回了家门口的肠胃。然后他们去大剧院听京剧或者音乐会，

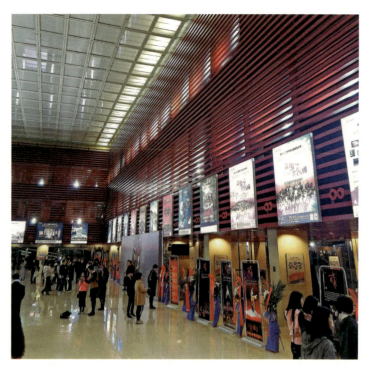

深圳大剧院内，在大厅等待精彩节目开场的市民（孙宇昊　摄）

兴奋地看着舞台，揣摩着一张张色彩艳丽的脸谱后面深不可测的东方玄机，学着那些票友的样子叫好，热烈地拍疼手掌；看着容貌美丽但表情严肃的女工作人员像个警察一样，严厉地呵斥在演奏过程中弄出噪音的观众，忍俊不禁。

流光溢彩的深南大道，湖北宝丰大厦前是硕大的诺基亚广告牌，写着英文"Connecting People"的一面向东，写着中文"科技以人为本"的那面朝西，昂扬地凌驾在川流不息的深南大道上。广告牌深蓝的底色似乎是一个隐喻：科技与命运这两样东西，就像大海一样无边无际，变幻莫测……谁能预估得到，二十多年之后，这个曾在全球手机市场睥睨群雄的巨人，会被收购，会被转让，数易其主……

湖北宝丰大厦，在黑与白的光阴里寻觅旧时模样（孙奕天　摄）

地王大厦（孙奕天　摄）

深圳大剧院外观（孙宇昊　摄）

深圳书城·罗湖城（孙奕天　摄）

　　深南大道北面的地王大厦尚在萌芽状态，但两年之后便会傲然崛起，成为亚洲最高的建筑物……还有南侧的深圳书城·罗湖城，作为打破文化沙漠魔咒的一个绿洲，即将与之深情对望……

其实不想走，其实我想留

　　不少猎头公司一直都和安格斯先生保持着联系。眼下，外资公司进入中国的势头更猛了，尤其是1992年邓小平的南方视察讲话，无疑让外资企业对中国的改革开放再吃了一颗定心丸。中国的外商投资环境开始有了快速改观。招商引资的热潮在全国各地兴起，交通、邮电、能源等项目的大力发展和建设，为外资进入提供了良好的基础设施和有利条件；同时，法律治理框架的完善，行政机构的改革，以及良好的宏观经济政策的实施，使投资软环境获得了极大的改善。除此之外，在实践中，各地区还通过在经济特区、保税区、高新技术区、开发区等"试验田"上，设置特殊政策和优惠条件来吸引外资，使进入中国的外资企业往往能享受超国民待遇。作为中国新一波改革开放浪潮的重要成果，外企在中国可以独资了。摩托罗拉在天津独资公司的成立，再度拉开了外资大举进入中国的序幕。

　　北京、天津、上海这些大城市频频传来世界五百强进驻的消息，外企高端职场上一片求贤若渴。安格斯先生一直在犹豫，要不要继续北上……再有就是，"九七"迫近了，到时深圳和香港的位置

漂洋过海来深圳

漂洋过海／梦回鹏城的九零年代

和角色可能会发生怎样的变化？将来澳门的回归对整个大中华区的格局又会产生怎样的影响？自己是要继续留在中国，还是回到美国……这些问题经常在他的脑海里盘旋。

　　然而，安格斯每天跨过罗湖口岸的时候，条件反射般涌上心头的那股莫名的感怀，似乎又在提醒着他什么……或许，要找出一个让他放弃深圳的理由并非一件容易的事情……

漂洋过海来深圳
梦回鹏城的九零年代

　　"迎新春，盼回归"外企联欢晚会
（图片提供　深圳外商投资企业协会）

在蔡屋围金融圈拔地而起的**京基100**——这座共100层、高441.8米的摩天大楼，截至2012年，一直是**深圳的第一高楼、内地第三高楼、全球第八高楼。**这个新地标，完美地昭示着一个『**深圳梦**』终会美梦成真的神话。

第二章

跨 越 千 禧

刻 下 岁 月 的 历 历 印 痕

和"千年虫"一起
跨越千禧年

卜琳达小姐在北方长大，读中学的时候随父母迁回祖籍广东。她在广州上大学期间，已对深圳心生向往，毕业之后便欣然而至，顺利地通过重重考试，如愿进入了外企。忙碌的工作几乎使她成了闭环中无休止地爬行的小蚂蚁，乍一停下来才猛然惊觉竟然到了跨世纪的一刻。

卜琳达小姐事后想起来觉得非常遗憾——居然没有去参加迎接千禧年的大游行。元旦过后回到办公室上班，卜琳达小姐听同事们讲大游行的盛况，一句话也插不上嘴。

1999年12月31号那天晚上，跨世纪大巡游的22辆主题彩车和21个巡游方队从深大电话公司开始，经过上海宾馆，然后沿着深南大道一直蜿蜒到深圳大剧院，在大剧院那里载歌载舞之后，数万人一起倒计时迎接新世纪，那种壮观而浪漫的场面光凭想象都能让人溢出跨世纪的泪水。

听说一些香港同事也参加了在著名的跑马地隆重举行的"龙腾灯耀庆千禧"晚会，围绕马场长达1400米的跑道烟花同时燃放，千盏花灯点缀其间，赛马场上雄驹奋蹄飞奔，周润发、王菲、刘德华、张学友、郭富城、黎明等明星联袂献艺。场面也是无比吉庆热烈。

因为是刚刚放完假回来，节后综合征的症候夹杂着新千年带来的喜悦，使得大家没什么心思做事。好在也没什么特别紧要的事情要马上处理。大家登录电脑，打开工作系统的界面作掩护，然后前后左右交头接耳小声聊天。公司的电脑系统一如既往的好，一点儿也看不出"千年虫"会兴风作浪的迹象，卜琳达小姐心里隐隐有些失望。

晚上回家看电视新闻，终于知道"千年虫"还是惹出了一些麻烦。一架波音777航班从伦敦飞往美国波士顿时发现了"千年虫"，驾驶员改用手工操作后继续飞行，好在未出现任何问题。而像越南等一些国家的航空公司则谨慎地取消了千禧年第一天的飞行。在法国，"千年虫"让全国天气预报中心的网页出现了差错，把"2000年"变成了"19100年"。由于"千年虫"作怪，西班牙和美国的核电站电脑系统都出现了不同程度的故障。但万幸的是最后都有惊无险。

卜琳达小姐幻想着银行系统也出现问题就好了，不光是她家的房贷不用还了，存款后头还多出好多个零来就美了，她就可以做个自在的无业"由"民了，当然是财务自由的"由"。

世界人民对于新千禧年第一缕阳光的热衷程度，看来并不亚于国人在农历新年抢着燃头炷香的狂热。英国格林尼治天文台宣称，新世纪应该以该台所在的8时区为标准。这一提法一经公布，立即遭到处在国际日期变更线以西地区的一致反对，他们无论如何也不会让英国人抢走上天赋予他们的这一头彩。穿进太平洋的国际日期变更线西侧的国家或地区，当仁不让最先迎接新世纪的曙光。威尼斯的东方快车已接到许多团体或私人函电，询问能否包租这古老而豪华的火车驶向东方以迎接新的千年。日本的一家大旅行社将6艘豪华游轮开往太平洋上的国际日期变更线上，让乘客成为最早目睹新千年来临的人。

而在广东，有关专家认为在广东省版图的最东端、横卧于北回归线上的汕头市南澳岛青澳湾，一向是本省每天最早见到日出的地方，所以观看新世纪第一道阳光的最佳地点非此地莫属。据说那里

1999年12月31日晚，深圳千禧年大游行的起点"深大电话公司"原址。"深大电话公司"是中国电信史上首家、也是唯一一家中外合资经营的电信基础运营商，改写了"打电话难、堪比春运"的历史。它每日望着不远处福田CBD的高楼群，回想着往昔的光荣使命（孙宇昊　摄）

的酒店客房在元旦的前几周，就已经被欲争睹首轮红日的广州、深圳、东莞等地游客订满。

卜琳达小姐的元旦是到珠海和老公一起过的。她特地跑到拱北海关那边，朝着澳门的方向张望良久，感受着从关口那头漫越过来的"回归"的喜悦——这个在 1999 年 12 月 20 日刚刚回归祖国的城市，此前在卜琳达的感受中，它始终是和赌神系列的港产片联系在一起的，充斥着纸醉金迷的魅惑，以及各路江湖的莫测与神秘。

在拱北海关这一头的珠海，有不少小士多店和饭馆都是东北人开的，近些年在珠海，以及海南省的一些城市，经常可以听到小品里那种富于喜感的东北方言。尤其是三亚，后来居然被东北人戏称为"黑龙江省三亚市"。东北人在选择关东之外的第二个落脚点时，将他们的豪爽发挥到了极致，要去索性就去中国最暖和的地方，冬天不下雪的地方。

不知是元旦前一天中午在东北餐馆里吃的大拉皮和酸菜饺子不对路，还是晚上在珠海当地的大排档吃的椒盐九肚鱼、白切鸡、姜葱炒沙蚬出了问题，她和老公两人当晚上吐下泻，以一种独特的吐故纳新的方式迎接了千禧年的到来。

这次辞旧迎新大腹泻把卜琳达小姐的心里也搞得空空的，不是很踏实。果然两个多月后，她所在的部门就撤销了。这个部门去年下半年才刚成立，加拿大总部计划在深圳成立一个全球采购中心，为科达康集团（公司为化名，编者注）在世界各地的事业部提供原材料以及一些商品成品的采购。卜琳达小姐原是这个部门的大秘书——采购中心总经理的助理。

意大利籍的采购中心总经理马可将被派到上海分公司去接管其他业务。原采购中心的人愿意留下来的，尽可能就在中国分公司内部消化掉了，其余的有些人跳槽去了科达康的供应商或者代理商那里，他们笑称是给原公司当卧底去了，拜托旧同事们日后在商场上相遇时要事事手下留情，莫要错杀。

公司进行了一次小规模的整合，原先负责行政和人力资源方面工作的一个男同事申请换到销售部去了，总经理秘书又刚好辞职回家生小孩去了，空缺出来的这两个职位于是合并在一起形成了一个新职位——办公室经理。刚好有人力资源师专业技术职称的卜琳达小姐结果成了这个新职位的最合适人选。

卜琳达小姐周围的同学或是小姐妹们，一直都在考各种资格证书，什么注册会计师、心理咨询师、营养调配师、律师、国际注册会计师、高级管理人员工商管理硕士……暇余奔忙在各种培训班和考场上，个个都"考"得外焦里嫩，以求有"证"在手，心里不抖。学英语专业的卜琳达小姐于是选考了个人力资源管理师。真是技多不压

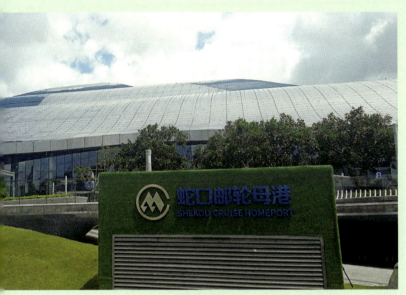

始建于1981年的蛇口客运码头于2016年10月30日晚搬迁迁到蛇口邮轮中心，2016年10月31日，蛇口邮轮中心正式启用，之前在蛇口码头坐船去港珠澳的乘客，现在是到蛇口邮轮中心乘船了（孙宇昊　摄）

身啊，卜琳达小姐十分庆幸在公司的这次小整合中能够安全平稳地过渡，并且顺带着和缓地爬升了一小下。

当然，她的工作实质还是大秘书——做深圳公司总经理安东尼先生的助理。安东尼先生的头衔有两重：深圳公司总经理、华南及香港地区销售总监。在跨国公司里，很多人都是多职能的，但是未必会将所有的职能都付诸头衔并印在名片上。不过在职位描述里会将其详细覆盖，并且每半年或每年一次的绩效考评，会严格地紧扣职位描述来打分，以此来作为加薪升职的依据。

新上司安东尼先生也是一位外籍人士。与卜琳达小姐的前任上司稍有不同的是，安东尼先生是位混血儿。他的父亲是位美籍外交官，母亲是广东人。安东尼在北京出生后一直长到七八岁才回到美国上学。他一口地道的京片子惊艳了公司大中华区的所有人。安东尼先生现在的家在香港，他每天从香港到深圳公司上班要换四种交通工具，和普通员工一样，他也要打卡。

公司的考勤制度非常严格，每天九点半之前整个大中华区的考勤表要从系统里导出来，发送到亚太区总部新加坡。所以，卜琳达小姐早上十分紧张忙碌，和行政助理一起将考勤表上没有打卡记录的员工姓名圈出来，再与各部门提前递交的差旅申请表、年假单、病假单一一核对，以确保考勤记录的准确无误。卜琳达小姐刚开始做这件事的时候，觉得堂堂一个在业内位居全球前三名的大公司，居然要兴师动众对付如此细枝末节，非常不可思议。

但是等逐渐熟悉了公司的企业文化之后，她觉得这种考勤管理，是防止员工怠惰的绝佳手段。不单单是考勤，公司在方方面面都有严明的"纪律"。这些纪律条文不是为了装裱之后挂起来美化墙面的，而是真的会严格执行到位。公司选择新加坡——一个保留了古老的鞭刑、法律制度无比严谨的国度来作为亚太区总部，这种环境背景之下的企业对于任何规章制度的执行，应该是完美到艺术级的。

衣八戒

在诸多的"清规戒律"中，有关上班时间的着装规定在深圳公司这边实施起来是有些尴尬的。

员工手册中非常明确地规定，销售部和市场部等一线部门的员工在上班时间要穿正装，女士是职业裙装或裤装，男士是"西服+衬衫+领带+西裤+皮鞋"，对于亚热带或热带地区的办公室，夏天是"衬衫+领带+西裤+皮鞋"。其他的部门像财务部、技术支持部门、研发部等在不接触客户、供应商的工作时间内或者在非重要场合可以穿商务休闲装。每个月只有最后一个周五是例外，所有员工都可以穿休闲装。但是一线部门如果碰巧在周五的休闲装日要见客，那还得保持正装。

深圳这边的夏天很长，一年中几乎有六七个月都是高温天气。早上，大家挤拼了一轮早高峰的地铁或公交车，又挤拼了一轮写字楼的电梯之后，在自己的小格子间里坐下来时，几乎没有一个"干货"。卜琳达小姐每天在九点半之前要做的两件事情，除了考勤报告，还有就是检查大家的着装情况。"领带！领带！"卜琳达小姐蹬着高跟鞋沿着公共大走廊，逐个部门看过去，笑着小声提醒着。一

日资企业座谈会（图片提供
深圳外商投资企业协会）

些男同事一边嬉笑着夸卜琳达小姐的裙子好靓，一边纷纷把衬衣领子竖起来，乒乒乓乓地拉开抽屉掏领带。

有一次，某位刚入职没多久的男同事准点到了办公室后，在洗手间里抹洗脸上的油汗时，弄湿了领带，他手上抓着湿领带、敞着领口走回自己的座位时，在前台迎客区刚好遇到突然到访的新加坡总部的一位副总裁和两三个外籍同事。他小声问候了一句"哈啰"之后，连忙飞奔回座位上问旁边的同事有否备用领带。副总裁他们走后，安东尼先生把卜琳达小姐叫进办公室，说刚才副总裁反映，深圳公司这边些员工在着装方面做得不够好，要注意改善。卜琳达小姐说前台的行政助理也跟她报告了早上的领带事件，她建议在周一的公司部门经理例会上，强调这个事情，然后她回去再把员工手册里的着装规定单独摘出来，把它扩充细化成一个单独的培训文件，发送给每位员工。然后，这个文件要并入新员工的入职训导内容里去。

安东尼先生对卜琳达所说的这些表示赞赏，不论是直觉还是事实，都在逐步显示着：面前这个即便是大笑时嘴角也带着坚毅的新下属，会是一位能干的助手。

在周一的部门经理例会上，安东尼先生让与会者对自己"品头论足"，连连问大家自己帅不帅。大家纷纷把目光聚焦到站在椭圆形会议桌一侧的安东尼身上——一米八几的身高，挺括的浅蓝色衬衣，配深蓝色暗花真丝领带，宝蓝色毛料西裤，足下是黑亮黑亮的传统款式的绑带皮鞋。有些女经理看得更细致，比如安东尼左手无名指上的方形钻戒，衬衣袖口的银质扣针，银质领带夹。当然，坐得近些的人，应该还会闻到安东尼身上淡淡的男士香水味。卜琳达小姐的办公桌就在安东尼先生办公室的门口，她比其他人会更熟悉这个味道。销售部高级经理李大卫夸张地说，安东尼这身行头起码要一二十万吧，本地职员若是经理级的置备起来都得花掉一年或两年的年薪呢，要是按照这么个"帅"的标准，普通员工一下子吃不消呀。

安东尼先生笑着说不是要大家走奢侈路线，虽然凭大家的努力，财力方面并不是不允许，但是最重要的是整洁得体。衬衣每天要熨烫平展，不要都穿了几次了，上面还带着出厂的折痕，衬衣的布料尽量厚一点，要不然有些人不习惯穿打底背心的话，里面的两点若隐若现的，会分散我们客户的注意力。大家被逗得哈哈大笑。

会议室的气氛一下子热烈起来。

安东尼先生兴致勃勃地讲起了着装的TPO原则，TPO即Time、Place、Object三个英文单词的首字母缩写。T代表时间、时令、时代；P代表地点、场合、职位；O代表目的、对象。TPO原则是世界通行的着装打扮的三项最基本的原则。它要求着装不但要符合时令，而且要与所处的场合环境相吻合；着装更是应该与职业以及交往的目的对象相协调。所以，公司里一再强调着装标准，是为了让员工塑造起更端庄、更专业的个人形象，给他人以愉悦感和信任感。个人形象的好坏，不但从某种层面上体现了个人自我管理能力的高低，也体现了一个公司一个团队的士气。商场如战场，西装领带就是我们作战的盔甲，汉语里有个词叫"丢盔弃甲"，那是用来形容打了败仗的loser（失败者）的，我们在座的各位都是面试中过五关斩六将之后进入科达康公司的精英，都是合格的经理人，相信你们不但能够管理好自己，也能管理好下面的团队成员。

风度翩翩的安东尼先生声音流畅轻快，一边侃侃而谈一边辅以着恰到好处的手势和表情，和圆桌边的每一个人交流着眼神。真不愧是外交官的后代，一席话让大家听得很入神。他停顿了一下，喝口水，蓝灰色的大眼睛环顾整个会场，发现卜琳达小姐正和旁边的人小声嘀咕，便笑着叫她的名字：点啊？有冇觉得我系喺度"讲耶稣"啊（怎么样啊，是不是觉得我很啰唆呀，讲得一套一套的）？卜琳达小姐连忙也用粤语大声答道：唔会，唔会！

科达康公司和许多跨国公司一样，是多种语言交汇地，公司总部在加拿大的法语区，所以总部发送给全球各公司的邮件都是英法双语的。公司在欧洲的分部，比如像瑞士，那里的员工多会英、德、法、意等四种以上的语言。而在新加坡的华人同事也很厉害，有一次卜琳达小姐在香港培训，遇到一个新加坡财务部的同事，她除了英语和马来语，还会讲闽南语、粤语、客家话以及简单的上海话。在深圳分公司，安东尼先生和卜琳达小姐一样，遇到香港或广府的同事讲粤语，和内地（祖国大陆）以及台湾同事讲普通话。但

深圳市投资环境论坛。商务论坛场合的严谨着装（图片提供 深圳外商投资企业协会）

是和新加坡同事在一起时，安东尼先生只讲英语。而卜琳达小姐和安东尼之间一般只讲普通话，这似乎形成了一种默契。安东尼先生这会儿突然对她讲粤语，卜琳达小姐不知为什么感觉好特别。

卜琳达小姐于是又连忙用普通话跟大家解释了一下"讲耶稣"是什么意思，然后提醒安东尼进入下一个步骤，讲讲着装要避免的问题。安东尼先生想了想，说西装着装有"八戒"，大家可要听好记牢这"八戒"了，省得弄错了把自己搞成个猪八戒。大家哄的又是一阵大笑。卜琳达想，安东尼小时候肯定是听了不少京津的相声，所以一张口总能把人逗笑。

一戒：穿白色的袜子。倒是见过迈克尔·杰克逊在舞台上表演太空步时这么穿过。白色袜子还是留着运动的时候或者穿白色西装拍婚纱照时穿吧。

二戒：西裤太短。裤脚盖过脚面2—3厘米为宜，以免在走动时露出袜子的颜色，特别是犯了忌穿了刚才说的白色袜子，走起来就像踩着两朵白云。想学孙悟空吗？是要腾云驾雾，还是大闹天宫？

三戒：衬衣下摆放在西裤外面。

四戒：将手机、钥匙链等物件挂在西裤皮带上，一副城乡接合部的画风了。

五戒：西裤口袋里塞满了纸巾、手机、打火机、香烟，鼓鼓囊囊的，叮当作响，像个杂货店。

六戒：……

七戒：……

八戒：……

这次会议之后，卜琳达小姐很少再听到有人抱怨：打着领带很容易被混同于卖保险的或者是地产中介了。原先寡着素脸上班的几个年龄稍长的女同事也化起了淡妆。研发部有一位外籍总监在一个非正式的场合还跟卜琳达小姐委婉地谈了一件事：他在深圳参加一个技术研讨会时，发现一个本地女工程师两天都穿同一条裙子，让人感觉好像是她两天没洗澡。卜琳达小姐听了真为那个女工程师感到尴尬，于是打趣道：这是不是女工程师在努力暗示你这个上司，是时候送她一瓶香水啦，哈哈。这位总监说，因为他较少有机会待在深圳，不知道女工程师平时上班会不会也是这种情况，请卜琳达小姐帮忙留意并进行善意提醒。卜琳达接了这么个活儿，特地观察了一个礼拜，发现那位外籍总监说的情况属实。她想了好长时间也不知道该怎么跟那个女工程师开口。研发部的男生本身就是理工男里的理工男了，而研发部里的理工女……卜琳达得好好琢磨琢磨。

保尔和比尔

这天，卜琳达小姐的另外一个直线上司——香港分公司的办公室经理柳女士到深圳来出差，给卜琳达小姐进行人力资源和行政管理方面的培训，并把前任岗位的一些项目详细交接给卜琳达小姐，好让她一一跟进处理。中午，安东尼先生约上卜琳达小姐、销售部经理李大卫、市场部经理王威廉、技术支持部经理张杰克等几位部门经理一起陪柳女士用午餐。

深圳分公司的写字楼位于繁华的华强北商圈，这里以前大多为生产电子、通信、电器产品为主的工业区厂房。随着经济的迅猛发展，工厂纷纷外迁，华强北商业街从1998年开始进行改造，华丽变身为一块最具人气的商业旺地。2007年，在华强北诞生了中国电子市场价格指数，使深

深南大道华强北段（黄猛　摄）

圳成为中国电子市场的"风向标""晴雨表"。2008年，中国电子商会授予华强北"中国电子第一街"的美誉。尔后，中国IT市场指数中心站在此落户。华强北引领着深圳发展，成为全球重要的电子信息产品集聚地。

当初，从事电子业的科达康集团到深圳为新公司选择办公地点时，一下子就相中了华强北。内地、港澳台或国外科达康公司的同事每每到深圳出差，都喜欢来华强北逛逛，淘些心水物件或电脑周边产品。在这块人流密集的多业态、综合功能齐全的商业集合体内，酒楼宾馆等配套服务自是完善齐备。

所以，公司的员工在美食遍地的华强北从来不用为用餐的事情发愁。想要口味清淡的话，海上皇、天天渔港、明香等粤菜餐馆就近在咫尺。粤菜馆门口大都砌着高高的海鲜池，石斑鱼、龙虾、象拔蚌等各种进口的或是本地的海鲜在二十四小时供氧的玻璃池里悠闲地摇须滋水。旁边一字排开的老火汤罐一整天都在冒着袅袅热气，一个小伙计在汤罐前来回走动，或添加黄芪、党参、生地、熟地等各种药材，或蓄水调味撇滤浮沫。白切鸡、乳鸽、烧猪、烧鹅、叉烧等传统广东烧腊挂在当街的玻璃橱窗内，泛着红亮的油光，淌着黏稠的油汁，令人食指大动。想要口味刺激的，巴蜀风、老院子、德庄火锅、谭鱼头等川菜馆子都各有绝活和看家菜……

柳女士提议去天天渔港喝午茶，因为和卜琳达小姐交接的内容较多，喝茶相对于点菜，会节约不少等餐的时间，这样下午就能两点钟准时开始工作，早些完成她也好早点返港，因为菲佣去学校接了大儿子后直接去培训中心学钢琴，而二女儿下了幼稚园后暂留在父母家。

卜琳达小姐说毕业于深圳艺校的李云迪荣获肖邦国际钢琴比赛的冠军，极大地激发了深圳的家长送孩子们去学习钢琴的热潮。目前深圳每一百户居民中的钢琴拥有量跃居全国第一。钢琴培训市场

粤菜馆门口的玻璃橱窗内，白切鸡、乳鸽、烧猪、烧鹅、叉烧等传统广东烧腊泛着红亮的油光，淌着黏稠的油汁，令人食指大动。高高的海鲜池里形态各异的生猛海鲜，一字排开热气袅袅的老火汤罐里，沸腾着红尘里的热望

空前火爆。柳女士说香港的一对一的钢琴课收费十分昂贵。别提了，香港什么都比深圳贵好多，光是保姆的价格就几乎相差十倍。薪水的大头都拿去供楼了，压力好大，1998年亚洲金融危机之后，香港的经济一直比较低迷，好多公司连续几年都没加过薪了，但是很多人都不敢跳槽，能保住份工已经谢天谢地了。

安东尼先生认同地点着头，说全世界最辛苦的就是白领阶层了。王威廉他们借机笑问安东尼先生为何不子承父业，做个外交官多好啊。安东尼先生说家人不想让他再接触过多的政治。柳女士

天天渔港粤菜馆的午间茶市

说，公司里其实也好不到哪里去，照样有很多的办公室政治……大家心照不宣地笑了。柳女士接着说，安东尼先生含着金汤匙出世，北美总部特派的金领，住香港富人区，其实没有真正体验过普通白领的苦。

安东尼连忙辩解，让柳女士千万不要往他身上贴金涂银，他每天上班搭火车，挤地铁，加完班从上步天桥上经过，手捧着天桥小摊上的煎饺和炸臭豆腐边走边吃，和其他打工仔没什么两样。柳女士笑了，说再争论下去，我一不留神把你的年薪数目泄露出去，就麻烦大了……

精致的茶点很快就上桌了，透明如蝉翼的豉汁排骨陈村粉，包了整只虾仁的虾饺皇，啖啖是肉的蟹子烧麦……天天渔港的手艺从来不会让人失望。席间继续闲聊，他们谈起了一部深圳出品的正在中央台播放的电视连续剧《钢铁是怎样炼成的》，在座的几乎都是

"70后"，在中学的语文课本里都学过《钢铁是怎样炼成的》这部小说的节选内容。张杰克用陕西话把里面的名句十分流利地背了一遍：

"人最宝贵的东西是生命。生命于我们只有一次。一个人的一生应当这样度过：当他回首往事的时候，他不因虚度年华而悔恨，也不因碌碌无为而羞愧……"

大家被逗得一阵爆笑。张杰克的拿手好戏是用陕西腔朗读英语，他在公司年会上一张口，便全场笑喷。

柳女士说你们这么忙，看考勤记录你们晚上经常加班到八九点的，回家后还有精力追电视剧看，真是羡慕啊。我虽然家里请了菲佣，但是下班回到家，累得只想快点冲凉瘫倒在床。

王威廉连忙说哪里有那么奢侈天天追剧呀，多是从老家来深圳帮忙带小孩的老父老母或者岳父母在看，自己晚上吃饭时顺便瞅两眼。李大卫说，现在好多媒体都在宣传这部片子，所以就稍加留意了一下。有些报纸还开辟了一个专栏，讨论保尔·柯察金和比尔·盖茨到底谁是英雄。把文学中的人物和现实中的人硬绑到一起，真是一件十分滑稽的事儿。他们两个人有啥可比的呢，保尔，比尔，除了中文译名都有一个"尔"字。

安东尼先生点头称是，说我们这些电子专业的理工男，当然是崇拜比尔·盖茨了，一个建立了微软帝国的王，开创了一个时代，的确是名副其实的盖世英雄。他还说他的母亲应该也读过《钢铁是怎样炼成的》这本书。今天真不赖，收获了一个可以回去和母亲讨论的话题。

十多年之后的某个夏末，卜琳达小姐参加一个聚会，在席间非常偶然地邂逅了一位诗人，这位学俄语专业的诗人，刚巧是2000年的大剧《钢铁是怎样炼成的》剧本的俄文翻译。这次偶遇引发了卜琳达小姐淡淡的感怀，青春在不经意间就这样以不可思议的速度变得邈远了……与其说这是一次和诗人的邂逅，不如说是和青春往事的一场诗意的邂逅……

安东尼还问卜琳达小姐深圳有些什么好的旅游景点，他母亲一直长期在国外生活，近来返香港住，希望能多回到内地转转。卜琳达小姐说华侨城景区很值得一看，另外，盐田区的沙头角那里，新开了一个明思克航母世界，是用一艘苏联退役的四万吨级航空母舰"明思克"改造而成的大型军事主题公园，一个挺火的景点，听说最多的时候，一天就有3万多名游客。明思克航母开放后的首个黄金周，门票就有1000多万元的收入。回头她让旅行社的朋友整理一份完整的深圳游玩攻略，给安东尼先生参考。柳女士听了也很感兴趣，表示等孩子放寒暑假时可以过来一游。

后来，"明思克"航母世界在沙头角的海湾里像个落落寡合的小孤岛般，在不温不火的迎来送往中重着鹏城的每一个长夏无冬，终于在2016年的4月，38岁的明思克航母被拖离盐田，中国第一座航母主题公园就此关闭。驶出大鹏湾水域的明思克航母一路北上，到江苏南通去开始书写另外一个城市的"航母世界主题公园"之梦。

喝午茶果然比较省时。柳女士抢着埋了单，说由她来报销这次餐费。说到报销，在座的几个人不由得"啊"了一声，离财务部的报销单提交截止日期只剩两天了。

科达康公司和很多外企一样，有着非常严格的报销制度。安东

明思克航母世界是中国乃至世界上第一座以航空母舰为主体的军事主题公园。明思克航母是苏联退役航空母舰，总长274米，甲板宽47.2米，排水量为4万多吨。航母世界于2000年9月27日开业，2016年4月2日，明思克被拖离深圳前往江苏南通，结束了它在鹏城16年的停靠

尼先生每个月的报销单是由卜琳达小姐来填报完成的。与其说是报销单，毋宁说是报销报告。里面涵盖了时间、地点、人物、事件、因由妥妥的"五个W"，封面是一张或几张A4纸的大表格，把每项费用发生的日期连同具体对应的是星期几，都一一填好，然后再逐栏逐栏地填写具体内容。有时安东尼先生要是到欧洲或是北美出差，报销报告就会厚得像本书。一般国外的小票是含了税的，可以等同于国内的发票直接报账，卜琳达小姐要仔仔细细地确认那些小票是在哪个国家发生的，那里的货币是欧元、加拿大元还是美元，再参照新加坡总部的财务部每个月公布的汇率把它们换算成港币。车费要标明单双程以及所属国家、城市的详细起止地点。招待餐费，光是写明用餐地点和用餐人数还不够，必须逐一写明用餐人员的姓名、头衔，他们所属的公司名称，用餐的原因或目的。每次填用餐的原因或目的，卜琳达小姐都很想写"因为饿"。但是想想安东尼先生无辜、热情的蓝灰色眼睛，她便放弃了搞恶作剧的念头。

　　填完了表格部分之后，要到复印机旁边的回收纸筐里，拿一沓用过了单面的环保纸，用来贴票据。票据的茬口要修齐，要用固体胶来贴。因为如此庞大数量的票据，如果是用液体胶水来处理，而手艺又不似街道小厂糊火柴盒的熟手女工般炉火纯青的话，湿哒哒地拱成一个一个大疙瘩的报销单到了财务部那里，就成了一个灾难，就会被脸虽然没有包公那么黑，但是比包公还铁面无私的出纳员打回返工。重新贴不仅费时间，而且错过了规定的上交日期，就报销不了，报销不了不光是自己财务受损失，还会被贴上自我管理能力差的标签，这个损失更惨重。

进球

    2001年清明节后的某天下午，部门经理会议正在大会议室里进行的时候，窗外突然乌云蔽日，恍若黑夜来临。旋即雷电交加，暴雨倾泻而下。窗玻璃被敲击得发出一阵阵钝响，似乎随时都有被击爆的可能。会议暂时中止，安东尼先生让大家迅速回到办公区，关闭电脑、服务器、复印机等办公设备。半个多小时后，雨势变小，大厦管理处的物业管理员上来说刚才下冰雹了，大的有拇指那么大呢。雨下得太急太猛，听说蔡屋围那边有人躲避不及给砸伤了头。等会儿下班大家要注意安全。

    卜琳达小姐下班回到荔枝公园附近的家，前晚晾在阳台上的衣物散落在地板上，饱蘸了泥水。卧室临窗的一个陶瓷花瓶碎倒了，几枝干花横七竖八地落在床铺上。卜琳达小姐颓然地坐下来，只觉屁股上一凉，原来被褥里也饱吸了雨水。她委屈地咧开了嘴，正准备哭，刚好在地王大厦上班的一个好友高露西打电话过来，说她的一位同学晓姝从国外陪读回来了，今晚小聚，让卜琳达小姐过来参加。

    卜琳达和高露西以前分别在一家世界知名的美国半导体公司和

　　位于深圳市的福田与罗湖两区交界的红岭中
路的荔枝公园，于1982年创建，占地面积28.8
公顷，系在原有的589棵老荔枝树和一片洼
稻田的基础上构筑成园。荔湖的湖面上映着荔枝
林和高楼的倒影（孙宇昊　摄）

北欧公司做过同事。高露西不但有着无比侠义无比直率的性格，更有着姣好的容貌，深得卜琳达这个"外貌控"的好感。卜琳达有时会用保温桶带上自己煲的鸽子汤给高露西吃，心满意足地看着高露西被热汤温润的肉感的红嘴唇。春节过后，卜琳达也会收到高露西从重庆带回来的家制麻辣香肠，把冰箱屉塞得满满的，从正月一直吃到清明节。那是一种很暖的感觉。

很多年以后，当微信这种社交工具渗透到生活的日常里来之后，对话框里可以秒达的表情包、问候语以及没有香气的电子鲜花，朋友圈里毫无遮拦的各种秀晒……让卜琳达时常生出咫尺天涯的恍惚感觉。她偶尔会从记忆深处探寻麻辣香肠的味道，但却似乎很难攒起那股见面的冲动和气力了……

卜琳达连忙把眼泪缩回去，重新补好妆，扎进衣柜里找了件干爽些的裙子和新丝袜，穿戴一番才拖上一把结实的长柄伞磕磕绊绊地出了门。

没想到晓姝的一家子都来了。晓姝的老公在美国读MBA，晓姝照顾老公的生活之余帮当地华人带孩子赚点零钱贴补家用，然后顺便生了一个孩子。孩子满口英语，只喝冰水，稍一淘气，就被晓姝拽住打手掌心，并要求态度诚恳地说"sorry"，否则就被丢到墙根儿的Naughty circle（思过角）罚站。这种新鲜的母子互动场面把尚未为人母的卜琳达和高露西看得一愣一愣的。

后来卜琳达小姐在明珠台看到一档儿童教育电视节目真人秀——*Super Nanny*（《超级保姆》，港译《BB保你大》），恍然发现，晓姝调教孩子的方式简直与此如出一辙，心想等自己将来真的当了母亲，面对淘气的熊孩子，电视上教的这些手法，自己能照做到几分呢？像晓姝这帮人连育儿方式都是跟国际接轨的，孩子的"起跑线"都比别人更接近冲刺的终点呢。唉，不是说"人生是一场长跑"吗？不是还有说"笨鸟先飞"吗？不是还有说"没有伞的孩子，在雨中会更奋力奔跑"吗？不是还有说"笑到最后的才笑得最好"吗？……

出国之前晓姝夫妇都在深圳工作过，等毕业时又听说深圳正在推出一系列鼓励出国留学人员来深创业的优惠政策，便迫不及待地回来了。晓姝夫妇他们应该算是较早回国的那批海归，他们后来也见证了深圳的人才优先发展战略和发展历程。按照相关数据记载，截至2018年3月31日，深圳累计确认"孔雀计划"人才3264人，核发奖励补贴资金11.2亿元；引进外籍人才1.6万人。通过"放管服"微改革增加留学人才直接申办途径，累计引进留学人员10万人；举办"人才智路演"活动，累计向947家留学人员企业发放创业前期费用补贴资金，一大批海归企业，如迅雷、柔宇科技、光峰光电、奥比中光等公司已成为深圳自主创新与产业提升的重要力量……

而且2001年，中国敲开了WTO的大门后，许多原来禁止或者限制外商投资的领域也要逐步向外资开放。这让跨国资本以前所未有的速度和热情涌入中国，中国的对外开放进入了新阶段，由原区域性推进的对外开放转变为全方位的对外开放。按照WTO的"最惠国待遇"和"国民待遇"原则，继续扩大对外开放，完善一系列政策，放宽限制条件，为迎接外资进入中国市场营造更宽松更便利的投资环境。另外，在中国已经投资的外商，得益于更有利的国际环境，也不断开拓国际市场，变强变大。自此中国利用外资又开始了

077

漂洋过海来深圳
跨粤手楷下岁月的历历印痕

新一轮的快速增长……

　　种种迹象都表明，回到他们熟悉的深圳来发展肯定是个明智的抉择。

　　大家互相交流了一下信息，发现晓姝的老公被安排去的大型企业给开出的待遇还没有目前高露西所在的日企和卜琳达所在的欧美企业的待遇高。于是晓姝他们有些失落和犹豫，不知到底要不要去那个大企业，或者横下心来和另外几个归国的同学一起创业，再或者要不要再继续读个博士什么的。后来美国发生了震惊世界的"9·11"恐怖袭击事件，晓姝夫妇及家人好友都万分庆幸，好在他们提前几个月回到了中国，否则生死难料啊。晓姝夫妇后来终于在他们心仪的职业平台上安顿了下来，施展拳脚。

　　卜琳达小姐很羡慕晓姝，老公到国外读书也能跟着去。而她自己打结婚起就同老公分居两地，而且老公在珠海那边筹建一个项目，休息时间不固定，只好辛苦卜琳达小姐在周末或者节假日时坐船坐车去珠海一聚。在卜琳达小姐住的小区，夫妻分居两地的情况很普遍，经常是男方被派驻内地或国外，女方驻守深圳或者上班或者当全职太太。如果说内地其他地方有很多家庭因为父母外出打工谋生，产生了很多留守儿童，那么在深圳，则是有很多家庭因为生计，产生了很多留守太太。

　　后来好在卜琳达小姐的老公又被派回了深圳跟进另外一个项目。2001年国庆节，真是卜琳达小姐最开心的日子，他们去关外的龙岗和当地的朋友吃窑鸡，还有天鹅肉。窑鸡看来就是叫花鸡的广东客家版，而天鹅原来是一种野雁鹅。之所以叫天鹅，可能是想满足某些吃客当癞蛤蟆的潜在欲望吧。电视台刚好开播一部非常有意思的电视剧《激情燃烧的岁月》，真是锦上添花啊。

更让人开心的是，2001年10月7日，中国男足在沈阳的五里河体育场以1比0战胜阿曼队，取得了次年韩日世界杯决赛阶段比赛的入场券。第二年的5月，内地（祖国大陆）、香港与台湾文化和经济界人士在深圳翠园中学举行"书巨龙为国足壮行"活动，深圳市书法家在田径场上用特制巨笔现场创作了一幅5000平方米的"龙"字，为国足参加世界杯壮行。

天津球员于根伟在比赛进行到第三十六分钟时攻入的这粒进球，让中国国家男子足球队有史以来第一次入围了世界杯的决赛圈。这是一个永远值得纪念的日子。（十多年过去了，国足仍停留在"第一次"，不得不承认这是非常令人遗憾及失望的。）

那天晚上，卜琳达小姐和老公跑到深南大道上，只见大剧院门口已经挤满了黑压压的人群，明亮的路灯照射着一张张欢乐和激动的脸庞。人流仍不断地从红岭路以及深南路的西头涌过来，把马路的路面都要占满了。交警兴奋而又理智地维持着秩序。翻腾涌动的人群中，红旗在招展，无数的嘴巴在一张一合，高亢地唱着同一首歌——《歌唱祖国》。卜琳达扯开了嗓门，努力让自己的声音汇入沸腾的大洪流中。整个场面实在太有感染力了，使得一向善感细腻的卜琳达小姐数次哽咽泪目。

在这一年，美国前总统克林顿应邀到深圳出席京基地产的"WTO与中国经济"论坛，并发表专题演讲。一时间整个深圳都在热议着这个话题，对克林顿轻松落袋的25万美金出场费咋舌不已，惊叹于京基地产此番大手笔之余，又对京基的大老板——据说是从靠搬水泥一天赚5元钱的建筑队工人，做到地产集团老总的湛江人的励志发家史，津津有味地重温了一遍又一遍。

后来，在蔡屋围金融圈拔地而起的京基100——这座共100层、高441.8米的摩天大楼，截至2012年，一直是深圳的第一高楼、内地第三高楼、全球第八高楼。这个新地标，完美地昭示着一个"深圳梦"终会美梦成真的神话。

这次高端论坛结束后，卜琳达小姐听说有些餐馆顺势推出了一道叫"克林炖莱温斯鸡"的菜式，她非常好奇，让老公去打听是哪家餐馆，但是直到孩子出生她休完产假回科达康公司上班了，也没吃上这道菜。卜琳达小姐坐月子期间，母亲从其他城市赶过来，按照广东一天吃一只鸡的产妇汤补传统，煲了差不多有一个农场那么多的土鸡给她吃，使她几乎到了"闻鸡要吐"的地步，所以就没什么兴致再穷究"克林炖莱温斯鸡"这个茬了。

在蔡屋围金融圈拔地而起的京基100——这座
共100层、高441.8米的摩天大楼，截至2012
年，一直是深圳的第一高楼、内地第三高楼、全
球第八高楼

敏感的字眼

科达康的研发部每年都要选定一个亚洲的城市举行亚太区规模的seminar（研讨会），这年的会议地点选在了深圳。这是2003年的一个大项目。卜琳达小姐要和新加坡总部的CEO秘书，以及驻上海的研发部外籍副总裁一起统领这个活动。卜琳达小姐先把深圳的五星级宾馆逐一查访了一遍，按照预算的幅度、会议的规模和具体要求，初选出几个合适的酒店，然后带新加坡总部的CEO秘书、驻上海的研发部外籍副总裁、香港的研发部总监和安东尼先生一起，进行再一轮的现场考查后，敲定了蛇口的南海酒店。

南海酒店是深圳第一家由中国政府评定的五星级酒店，背山面海，远离闹市喧嚣，独特的海湾园林美景非常怡人。更重要的是其交通便利，酒店离宝安机场比较近，国内的参会者下了飞机，坐出租车过来的话，半个多小时或更短的时间就能到达。酒店离蛇口国际客运码头更近，海外的参会者可以飞到香港国际机场后，再坐船过来蛇口国际客运码头。

一行人考查完酒店返回深圳办公室的路上，车子刚好经过那块写着著名标语"时间就是金钱，效率就是生命"的大牌子。于是卜琳达连忙招呼大家往窗外看。她将这句口号的英文意思告诉几位外籍同事，然后把平时从报章和电视上了解的有关这句口号的背景故事，很是自豪地讲述给他们听——从1978年开始，中国的工作重心转向了经济建设，成立了深圳、珠海等经济特区，但是对市场经济和计划经济两条道路的选择，当时仍存在极大争议。

而深圳的蛇口，被誉为"特区中的特区"，这句口号便是蛇口工业区创始人袁庚先生提出来的。当初这句口号被做成木牌竖在太子路旁的显眼处，居然被一名不识字的民工拆走当柴烧了。袁庚又叫人重新做了一块。这句口号一度在中国引发了长时间的争论，产生了巨大的影响。有人说，"时间就是金钱，效率就是生命"这句口号

深圳湾的涛声依旧，南海酒店现已易名为希尔顿南海酒店

是中国走向市场经济的起点。1984年1月，邓小平视察蛇口时肯定了这个口号。后来，这块牌子被收藏进博物馆，成为一个时代的坐标。

新加坡总部的CEO秘书听了，夸奖卜琳达小姐找的这个"蛇口市"的酒店非常棒，她就喜欢"蛇口市"这种有故事的城市。卜琳达小姐连忙笑着纠正，说"蛇口"只是深圳市南山区的一个工业区，不是一个城市噢。然后当卜琳达小姐告诉她蛇口这个名字的字面意思是指"蛇的嘴巴"时，CEO秘书模仿着蛇吐信子的样子发出"嘶嘶"的响声，把车上的人都逗笑了。

酒店预订好后，便进入前期的准备工作。科达康公司的供应商大部分集中在美国硅谷，有些供应商为表示对这次研讨会的支持，会提供一些赞助，这些赞助礼品中有风衣、电脑包、背包、U盘等，上面印着漂亮的商标。这些设计低调简洁的品牌，朝夕都在奋力用巨大的销售额刷新着它们在世界500强排行榜上的排名，引领着世界最新的科技潮流。

这天有500件风衣寄到了办公室，卜琳达小姐和研发部总监何保罗一起进行收验，何保罗到安东尼先生的办公室，请他来到库房这边。他们拆开了两三件风衣，一起试穿评鉴上身效果。挨着库房的研发部的一些同事也凑过来，一边看一边讨论着几个月之后将要举行的这场大型研讨会。风衣做工精良，布料柔软透气，可以揉成一团收纳在风衣帽子里，要穿时一抖便折皱全无。

何保罗说要是公司员工穿这个当上班制服就舒服了，现在硅谷好多公司在穿着方面都开禁了，从每月一天休闲服，放开到每月四天，现在是天天都可以休闲穿着了。要想头脑不被束缚，首先要使身体不被束缚。安东尼先生把风衣袖子抻得沙沙响，说何保罗讲得没错，这是大势所趋，公司一定也会紧密跟随世界潮流的。

卜琳达小姐中途出去接了一个南海酒店的电话，有些会议室、客房以及餐饮方面的细节需要对接。等她再回到小仓库和何保罗一起清点风衣时，发现风衣的数目少了一件。

何保罗着急了，这些风衣是要先保证研讨会的参会名单上的人每人一件，然后还有额外邀请的嘉宾，以及大中华区的一些部门高管也都能分配到。虽然供应商赞助的数量有富余，但如果有人在未经允许的情况下，擅自拿走了风衣，性质显然就不同了。大家都小小翼翼地绕开那个敏感的字眼"偷"，但是在一个纪律严明的跨国公司里，怎么能允许这种没规矩的事情发生?!

卜琳达小姐的疑问是：会不会是制衣厂发货过来时漏掉了一件。何保罗说每箱100件，总共5箱，刚好是我们开来试穿的那一箱数量少了一件，其余4箱一点问题没有。这不是很蹊跷吗？何保罗认为东西的数目不对，这是无可辩驳的事实。而他反复宣称、一再确信香港同事是不会擅自拿走风衣的。

卜琳达小姐有些不悦，很明显何保罗的潜台词是：这是内地同事干的。安东尼先生当然比卜琳达小姐更能听懂何保罗的潜台词，他和香港人接触的时间也不是一两天了。虽然香港已经回归好几年了，但一些香港人潜意识里的优越感就像胃病患者过多的胃酸一样，还是会时不时地泛上来作一下怪。去年深圳的人员扩充得很快，旧办公室无法满足办公需要了，下半年搬到了新的办公室，有个香港的财务经理上来开会，看到前台处的云石台面造型，马上就

跨越千禧，
刻下岁月的历历印痕

溜洋过海来深圳

　　"时间就是金钱，效率就是生命"，中国"改革先锋"袁庚先生提出的著名口号，被誉为"冲破思想禁锢的第一声春雷"（孙宇昊　摄）

撇嘴，科达康公司怎么也是个大型的MNC（跨国公司）呀。安东尼先生说这是新加坡总部的高级总裁挑选确认的样式，那个财务经理才不再作声了。

卜琳达小姐问安东尼先生要不要发个邮件提醒同事们，如果误拿了风衣，请及时交回来给她，整个事情便到此为止。安东尼先生认为没有任何必要发那样的邮件，而且他也认为，从逻辑上讲，制衣厂发货时或许会把数量弄错的，不能排除这个可能而单纯怀疑公司员工。

何保罗提议说要不要查看一下监控录像，但是卜琳达小姐说，出于安防的控制，公司的监控摄像头只安装在大门前台处以及少数几个消防出口处，仓库门口是没有摄像头的。这个事情于是成了"悬案"。

这个财政年度末期，新加坡总部在回顾评估大中华区的各大办公室的综合情况的时候，提议升级公司的安防级别，要在一些办公区域加多一些摄像头。安东尼先生回复说，希望做这个事情之前先咨询总部的法务部门，员工处于被摄像头监控的环境下工作是否合法。结果这个事情便不了了之了。后来又听说总部再度评估了原先购买的办公室保险险种，按照法务部门的建议重新增加了一些必要的项目。

跨国公司职场的圈子很小

　　为期4天的研发部亚太区研讨会，卜琳达小姐全程跟在会场。因为餐饮方面的安排有些特别，参会者除了早餐在酒店吃外，午餐和晚餐都有安排在其他地方吃，因为会议的组织者们一致认为，连续数日一日三餐都在同一家酒店里吃自助餐简直太单调乏味了。所以，卜琳达小姐提前和工作筹备组的头儿们一起拟定好了不重样的餐饮安排：名人俱乐部的烤全羊、海景酒店的露台烧烤、诺富特酒店的海鲜自助餐、胜记的粤菜……众多美食当前，原本担心饭菜吃不惯准备去梨花苑找感觉的韩国团队结果一天都没离队。

　　参会者中有两位素食者，来自印度的一位女工程师是严格素食者，每次用餐的时候，印度女工程师离席坐到角落里，独自安静地享用特地为她准备的一盘蔬菜沙拉。在这次会议前，卜琳达小姐便听安东尼先生说到有关印度人双手的"进出口"业务的明确分工，他们用右手取食，左手专司一件非常重要的事物——如厕。卜琳达小姐悄悄地留意到，女工程师果然每次都是用右手拈起那些胡萝卜条和黄瓜片。卜琳达小姐始终小心翼翼地和女工程师保持着一点距离，不怎么和她搭讪，只是远远地观察。或许卜琳达小姐的心里有

胜记，掩映在荔枝
公园的绿树丛中的粤菜
餐馆（孙宇昊　摄）

些隐隐的担忧，要是她让女工程师感觉太热情了，要感谢她跟她握
手怎么办，要是她握手时大意了伸出了左手怎么办……卜琳达有时
一转念又觉得自己多虑了，作为跨国公司的一员，怎么可以如此狭

隘呢，应该有点地球村的概念和胸襟，好不好……

另外一位素食者是来自台湾的男工程师，长得高大壮实，让人捉摸不透一个不吃肉的人为何身上这么多肌肉。敢情他是奶蛋素食者，他除了蔬菜之外，还吃鸡蛋和牛奶。

除了餐饮之外，卜琳达小姐还应他们的要求安排了卡拉OK和保龄球等节目，同时告诉大家蛇口这边的"海上世界"大邮轮值得一看，可以到酒吧一条街喝喝啤酒，感受并对比一下这里的"异域情调"和外籍同事们来自的"原异域"有何不同。但是这些工程师们只是草草玩儿了两下，就火急火燎地回酒店看邮件去了。出差也好，培训也罢，你可以设置自动回复功能，告诉邮件发送者你目前不在办公室，但这不代表着工作可以停顿。不抓紧任何可能的时间不断地刷新和回复邮件的话，等晚上打开电脑，那一堆黑压压狂泻而出的未读邮件，就会和五星级酒店里枕着涛声的豪华大床一起，往两个不同的方向撕扯你的神经，蹂躏你的意志。

这次的研讨会很成功，研发部的头儿们都很满意，他们对深圳分公司、对卜琳达小姐、对安东尼先生的感谢和赞美写了满满一电脑屏幕，抄送给了各大老板以及亚太区各分部。

何保罗特地邀请柳女士从香港过来，与安东尼、卜琳达小姐他们一起午餐，小小地庆祝了一下，并再次致谢。柳女士临别时，跟卜琳达小姐说，她已经辞职了，last day（最后一个工作日）在三周后。这次就算 farewell dinner（道别宴）了。卜琳达被这个突如其来的消息搞蒙了。

卜琳达小姐很喜欢这位身高近一米七二的柳女士，喜欢她站在

跨越千嶺／

刻下岁月的历历印痕

漂洋过海来深圳

海上世界，充满异域风情的酒吧街，蜿蜒于平静的港湾沿畔，涤荡都市的尘嚣与喧哗

电脑旁一边讲解一边俯视自己时温和的眼神,喜欢她略带浙江口音的广东话,喜欢她穿的浅藏青色套裙,喜欢她和自己一样因为臀宽腰细,走着走着裙子的拉链位置就会偏移,要不厌其烦地把它正回来。

柳女士为何要突然辞职?卜琳达小姐心里怅然若失,没着没落的。下午上班的时候她不时地回头朝安东尼先生的办公室看,偶然地,安东尼先生刚好抬头接住了她的目光,微微地耸了耸眉毛,嘴角向上一扬。卜琳达小姐于是觉得整个办公室都变得明媚而安然了。

柳女士的继任柯小姐到职一周后马上就到深圳来亮相。据销售部经理李大卫提前爆的料,柯小姐是大中华区副总裁周凯撒在旧雇主威达泰公司的前下属。销售部经理李大卫之前也是从威达泰公司跳槽过来的,卜琳达小姐想多打听一点柯小姐的情况,但是李大卫说,等日后慢慢接触,自然就了解了。没想到柯小姐身材相当娇小,眼睛很大,不笑的时候显得有点凶,扑闪着的大大的假睫毛,活像两个僵硬的汽车雨刮。

顺便说一下,全球排前五的像科达康、威达泰这种公司,一朝天子一朝臣这种事情天天在上演,新的产品线上马,或者组建新的部门时,总监带着整个团队集体跳槽并不是什么新鲜事。性质相似的跨国公司里,大概就是那一拨人轮番跳来跳去,今天大家是竞争对手,明天可能又是并肩的同事。这个圈子非常小。

记得有一次,卜琳达小姐刚刚给一个高级销售工程师办完入职手续,就被安东尼先生叫进办公室,说威达泰公司那边打电话给在香港的大中华区副总裁周凯撒,说这个高级销售工程师在离职前有

2002 年深圳外资企业人才招聘会（图片提供　深圳外商投资企业协会）

炒单谋取私利的不端行为，周凯撒先生让深圳分公司马上采取行动，叫高级销售工程师的直接主管跟他简短解释原因后，让他即刻走人。这是卜琳达小姐在职场上遇到的唯一一个当天入职然后当天离职的个案。这个高级销售工程师以后在这个圈子是很难混下去了。

这个圈子真的是非常小的。比如说有的跨国公司发现来自某个地区的员工有一些负面的共性：比如合作精神欠缺，经常挑唆他人组织罢工；或者卷公款私逃；或者提供虚假学历骗取职位……他们便会不再招录这个地区的雇员，并且跨国公司之间会互相告知互相提醒，联合抵制。

　　可能有人心存侥幸认为东家不打可以打西家，殊不知人力资源部门在招录过程中，会借助越来越专业的手段来选优汰劣。比如在面试阶段，一对一面试，小组面试，首先就把叙述前后矛盾、不实穿帮者淘汰掉。之后进行专业领域的书面考试，把成绩差的淘汰掉；接着对口部门的直接上司及更高一层级的经理人再面试。面试过关后，在入职前要提供学历认证，被发现学历造假的直接淘汰。提供给人力资源部门调查的个人资料中还包括：过往工作过的所有公司的地址、联系电话、证明人、证明人的电话、以往公司的工资条等。若发现有任何不属实的情况则立即淘汰。最后还要提供之前公司直接上司的电话以及推荐信。一般来说，企业在员工正常离职的情况下，人力资源部会做离职调查，并在办理离职手续后附上离职证明，然后上司再写一封推荐信，以方便离职者"前程无忧"。所以，不能按照要求提供上述资料者，难逃最后被淘汰的命运。所以洁身自好严于律己方能在圈子里存活长久。这是放之四海而皆准的职场玉律。

　　既然跨国公司职场的圈子那么小，说不定哪天自己又会和柳女士做回同事，卜琳达小姐这么想着，心里便有些释然了。

"非典"来了

如果说2003年有什么事情让大家永生难忘的话，那肯定是"非典"了。2002年年尾的时候，超市里的醋和药房里的板蓝根被抢购一空。洗手液和消毒水也脱销了。卜琳达小姐早上出门上班，化妆这道程序免了，直接戴上口罩，再套上家里买的平时啃鸡翅用的一次性手套。到了写字楼大堂后，大家排队测量体温，当有一两个体温异常的人被保安挡在电梯门的外面时，电梯里面的人便惴惴地紧了紧各自的口罩。

公司办公室的前台和茶水间都放有独立包装的一次性口罩供同事们随时取用。至于午餐，许多人都自带，然后在茶水间用微波炉热了吃；要么就是点外卖，尽量减少去公共场所的次数。管理处准点上来轰走还赖在写字楼里加班的人，以便办公区域全方位定期消毒。

安东尼先生等一些常驻深圳的外籍高管，目前都尽可能地留在香港办公。如果需要开会的话，就开conference call（电话会议），那个三只脚的科技感十足的三方通话电话机现在成了新宠，安装了三足电话机的那几间会议室总是被抢先预订一空。

安东尼先生有时会从香港打电话过来，让卜琳达小姐去他的办公桌上，帮他找一些客户的电话。这是卜琳达小姐最喜欢做的事情，她熟练地按下一个键，将电话转到安东尼的办公室里，然后快步地跑进去，轻轻地带上门，迅速地拿起话筒。她在安东尼先生的大班椅上坐下来，把电话机的免提打开，听安东尼先生用他好听的声音说出要找的客户的英文名字，记在易事贴上，然后打开电话机旁边的名片箱。那是一个透明的长条形亚克力盒子，按字母顺序分成一格一格的，里面密密麻麻地插满了名片。安东尼一边重复着，Abel——A for Apple, B for Boy……逐个读出那些名字的拼写字母。

卜琳达小姐屏息静气慢慢地翻找着，良久不出声。电话里清晰地传来安东尼先生的声音，让卜琳达小姐觉得美好而宽慰，似乎是为了让卜琳达小姐不着急，他在电话那头不停地说着话：Abel（亚伯）是Abelard（亚伯勒德）的昵称，就像Tony（托尼）是我的名字Anthony（安东尼）的昵称一样。

卜琳达小姐的手指从一张张名片上轻轻拂过，咧开嘴微微地笑着问，那她的名字Belinda（卜琳达）的昵称呢？安东尼先生顿了顿，说Belinda（卜琳达）的昵称啊，应该是Bee。卜琳达小姐笑出了声：哦，bee，原来是小蜜蜂啊，真是个劳碌命。哈哈。

终于找到了要找的名片。卜琳达小姐扣好电话筒，把名片盒归位，大班椅归位，写过字的易事贴攥在掌心团成团，望一眼墙上安东尼先生在加拿大总部和CEO等大老板们的合影，对比了一下那些领带的颜色，用手摸摸墙角那株巴西铁又长又硬的带状叶子，然后快步走出安东尼的办公室，坐回自己的位置上，重新淹没在公共办

"非典"时期的企业
研讨会（图片提供 深圳
外商投资企业协会）

公区的喧闹和忙碌里。

　　有一次安东尼先生过来准备同销售部经理李大卫一起去龙华的一个知名手机代工厂签合同，结果安东尼先生过了皇岗口岸后，等了半个多钟头都没见到一辆的士。他打电话到公司给卜琳达小姐，才知道原来是深圳的一些出租车受非典疫情影响，生意萧条，所以停运了。卜琳达小姐放下电话便去找李大卫商量此事，李大卫马上开了自己的车去口岸接上安东尼先生，径直去了客户那里。

客户间的拜访互动明显地减少了，一些没办法省却的商务场合中，握手和拥抱等礼仪都被点头致意或拱手礼替代了。突如其来的非典，给大家的工作和生活造成了很大的冲击和影响。

卜琳达小姐每天一下班就匆匆赶回家，确认家人尤其是孩子的健康情况，然后打开电视看新闻。公司对上班时间上外网有严格的规定，如果因特殊情况需要上网，要填写表格向行政部和IT部申请，所以在办公室里根本没什么机会更没有空闲可以在网上看新闻。

电视里天天报道各省市的非典确诊病人、疑似病人、死亡数字等情况。凤凰台的公益广告时段，美丽的女主播亲自示范科学卫生洗手的每一个步骤。这一年翡翠台的香港电影金像奖颁奖典礼，台上的司仪和颁奖嘉宾表情肃穆，台下黑压压的众多明星捂着清一色的蓝色口罩，气氛非常压抑悲伤，与其说是颁奖典礼，不如说更像哥哥张国荣的追思晚会。

李大卫的孩子刚好是三月份出生的，满月酒都没有摆，孩子百日时也没敢去影楼拍艺术照，同事们传看着李大卫夫妇抱着孩子在小区里照的生活照，争先为李大卫的孩子起名字一事献上良策——李经典（经历非典）、李莎士（Sars）、李春生、李卫生……不一而足。

技术支持部经理张杰克住在深圳东湖医院附近的社区，东湖医院刚好是深圳收治非典患者的医院，他说周末在家里阳台上，每隔几分钟就会听到救护车鸣着警报呼啸着驶过，听得人心里不由得一阵阵地发颤。

卜琳达小姐则早晚一遍又一遍地叮嘱母亲，千万不要带孩子离开小区的大门，白天就在楼下花园转悠就行。上班时间手机一响，好多人都是飞快地拿起来，紧张地看来电显示，确定不是家里打来的才松了口气。

五月里的一个下午，深圳卫视播放了关于非典的第一号紧急通告：有一个"河南飞越明珠歌舞团"在深圳龙岗、宝安、南山等地方进行多场非法演出，目前他们停留在大冲一带，其部分成员出现群体性发热，疑似染上非典，通知有观看过表演的人迅速去检查登记。这个紧急通告瞬时将整个城市的心都揪紧了。白石洲那边马上封了路，阻隔住从大冲那个方向的人过来。临近大冲的白石洲片区，华侨城片区的住宅小区，保安人员和物业管理人员全体出动，守在小区的出入口，严禁外来者进入。后来，新闻又通知说，通过隔离诊治，歌舞团的人只是普通的感冒发烧，排除了非典的可能。大家悬着的心才放了下来。

香港那边疫情比较严重的是一个叫淘大花园的社区，被实行封楼隔离，成了深港两地关注的焦点。后来，越来越多的非典病人康复出院，世界卫生组织的非典疫区名单一个个被剔除，笼罩在民众心头的非典阴影终于逐渐散去。

卜琳达小姐让行政助理和清洁阿姨一起把纸箱里余下的一次性口罩整理好，放进茶水间的药箱。茶水间里，放了好多巧克力，那是国内的香港、台湾同事以及新加坡同事，还有其他地方的同事出差到深圳时带过来的小手信，给深圳的同事们压惊，祝贺大家战胜了非典。卜琳达小姐看着明亮的、宽敞得几乎望不到边的办公区里，一张张从口罩中解禁出来的面孔，那些高挺的或平坦的鼻梁，那些涂了唇膏的或是带着胡茬的嘴巴，在畅快地呼吸，在自由地发声，多么动人多么亲切。她有一种想痛吻的冲动，一种十分感慨的，确切地说应该叫作劫后余生的感觉，涌满了心头。

职场的炼丹炉

　　这天下午，卜琳达小姐看看表，离下班仅剩两个小时了，她咬咬牙撇开手上的事情，直接冲到公安局办事大厅去，她要赶在政府部门下班前处理好港澳通行证加急办理的事情，因为安东尼先生要安排她到香港培训，越快越好。自从2003年开通了"港澳自由行"之后，从2004年开始，内地同事去香港培训和开会的机会多了起来。

　　卜琳达小姐是继技术部门之后的首个赴港出差的行政支持部门成员。卜琳达小姐实在太忙了：开会、培训、面试、写报告、回邮件、接电话……恨不能把自己变成八爪鱼，把一分钟拆成600秒。经常是瞥一眼电脑的右下角，就发现大半天时间又过去了。上洗手间要一路小跑着去，走廊里急促的高跟鞋声暗示了很多信息：卜琳达这些女生们已经是憋到不能再拖延了；跑步是为了节省时间。为了少跑几趟洗手间，少喝水是个办法，其实也不用刻意少喝水，因为有时根本就记不起来喝。

　　王威廉他们说，非典时期，下班时间稍微准时了一些，在深南大道等车的时候，望着电子科技大厦东边华联大厦顶部的大钟，指针浸染在浓稠的夕阳里，时间似乎缓慢了下来，渐渐凝固静止……

华强北建筑群中的电子科技大厦，雄
踞华南第一商圈核心地段，深圳IT行业的
制高点（孙宇昊　摄）

华联大厦钟楼建造于20世纪80年代末，因楼顶四面8米见方的巨大石英钟曾被誉为"亚洲第一钟"，深圳人喜欢亲切地叫它"大钟楼"。 1988年，大钟楼作为国庆39周年献礼正式敲响。华联大厦钟楼是深圳深南中路上的标志性建筑之一，与市民共同见证着特区的飞速发展

霎时觉得好感动，因为平时都是忙得天黑透了才下班，一睹深南大道的落日是件多么奢侈的事情啊。感动之余，心中还有隐隐的一丝负疚——因为太早下班的负疚。

经历了非典的重创之后，经济复苏得很快，大中华区副总裁周凯撒先生将来年的销售预算定了一个比较有挑战性的数额。为了完成这个目标，安东尼先生要扩充销售团队，增加客服人员，提高行政管理效率……卜琳达小姐作为大秘书，要配合安东尼先生的部署

对销售团队进行贴身管理。每周五，要催销售工程师交新一周的访客计划。每周一，要催交上一周的访客报告。要督促销售工程师及时更新维护CRM（客户关系管理）系统里的数据。然后，卜琳达小姐要将销售数据进行汇总分析，按照月份、季度、销售员、产品线、产品性质分类等不同的项目指标，运行出名目繁多的数据分析表格来。这些图表数据除了作为深圳公司管理层例会的演示资料，还是每月在"deadline（截止时间）"之前向新加坡总部汇报的重要报告内容。在科达康集团，这个叫"deadline"的关键词，被大家戏称为"死期"，这是工作完成的最后期限。所有在跨国公司工作过的人应该都对这个词刻骨铭心，因为对"deadline"的良好把控，体现了一个职业经理人的时间管理能力和工作效率。压力从何而来？是因为要在最短的时间内完成最多的工作，还要保证质量。

开同学会的时候，一些在事业单位工作的同学总是羡慕卜琳达小姐在外企，经常国内外出差，坐着飞机到处飞，出入五星级宾馆，福利好工资高，真让人嫉妒。卜琳达小姐一笑置之，懒得跟他们解释：福利好那是人家想要马儿跑，才舍得多喂几把草；工资高那是因为一个人实际上做了几个人的事情，效率高。人们光看见贼吃肉了，没看见贼挨打。

以销售报表材料的繁复程度和专业程度来看，不专门培训个三五日是难以胜任的，所以，卜琳达小姐必须马上去香港受训。后来港澳通行证办得很顺利，卜琳达小姐正准备返回公司的时候，突然接到安东尼先生的电话，他说现在写字楼的某一栋着火了，整个办公大楼都拉响了火警警报，大家正在撤离办公区，卜琳达小姐先停

106
跨越千禧
刻下岁月的历历印痕
漂洋过海来深圳

留在外面安全的地方好了，暂时不要回到办公室。反正也快下班了，直接从公安局回家也可。

第二天上班的时候，卜琳达小姐看到了安东尼先生昨晚发给整个大中华区的邮件：有关昨天深圳公司所在写字楼的火灾情况。因为与起火地点相隔较远，所以科达康这边毫发无损，真是有惊无险。安东尼先生把卜琳达小姐叫进办公室，商量去香港培训的具体日程安排。然后他表情严肃地要和卜琳达小姐讨论行政助理的工作状况，了解行政助理平时的表现和工作态度，最后他说行政助理的表现欠佳，她的试用期考核通不过，让卜琳达小姐尽快重新招聘新人。

看着卜琳达小姐一脸惶惑的表情，安东尼先生解释说，昨天火警的时候，行政助理第一个先冲到办公室外面去了，没有和我及其他部门经理一起组织安排同事们有序地逃生。行政人员是公司的大管家，应该是最后一个撤离的。你不在办公室的情况下，她作为下属，应当有意识地担当起责任，然而她的表现太令人失望了。

安东尼先生的办公室在整层办公楼的居中位置，正对着前台大门，他站在自己办公室门口左右环顾，便可将整个核心办公区尽收眼底。安东尼说其实这已经是第二次了。上一次，谣传有恐怖分子袭击华强北的赛格广场等高层建筑，结果有些写字楼的管理处组织楼宇里的人员紧急撤离，那次她也是跑得最快的。而你，我记得你先跑进来叫我，然后又冲到前台开广播通知大家。脚上的高跟鞋都蹬掉了，穿着丝袜跑前跑后安排同事们撤离。当时考虑到行政助理是刚毕业的新人，欠缺经验，而且她的位置也确是离大门最近的，

华强北建筑群中的赛格广场，
雄踞华南第一商圈核心地段，深圳
IT行业的制高点（孙宇昊　摄）

就没有让你特地找她谈这个事情。看来，应该让你及时提醒她才对。这是我的失误。将来你的职位会越做越高，你的下属也越来越多，光会做好自己的事情是不够的，你还要逐渐学会管理好团队。

卜琳达小姐非常汗颜，她觉得要修炼到安东尼先生的这种火候，不知还要在职场的炼丹炉里挨多少火烤。

到香港培训时，卜琳达小姐几乎没费什么周章就找到了香港分公司的写字楼，除了在口岸过关花了一个多小时，其余的路途包括转火车、地铁换乘，都有很多热心人指路，无论是染着一头红色短卷发的师奶，戴着箍牙钢套的学生妹，还是全副武装帅气的阿Sir，个个都热情备至，周到得甚至亲自陪送到地铁口或路口。卜琳达小姐想这可能是因为她讲粤语的缘故，但她观察了其他讲普通话的内地人问路，那些市民虽然听得比较费劲，但也仍热情不减。大街上的店铺招牌，地铁的中文站名都是繁体字的，看着感觉既陌生又亲切。

第一天到香港办公室的中午，周凯撒、安东尼以及多位头头脑脑一起参加了欢迎卜琳达小姐到香港培训的午餐小聚。柯小姐午间一直在加班没有参加，后来卜琳达小姐才知道柯小姐到职后，对深圳这边的一些人员安排和安东尼先生有分歧。她想把卜琳达小姐职位中的人力资源和行政管理职能拆分出来，单独对她汇报。但是安东尼先生认为自己是深圳的总经理，人力资源和行政管理这么重要的支持部门应该直接对他汇报。一些没有必要的职能割裂会造成过多的汇报层级，会增加内耗从而导致效率低下。而大中华区副总裁周凯撒想先保持原状，毕竟，销售是一线部门，任何安排都应以一

漂洋过海来深圳
刻下岁月的历历印痕

线部门为先导。

　　后来，那个紧急关头总是跑第一的行政助理被辞退，柯小姐安插了一个香港的高级人力资源主任过来，专门负责看住深圳，新招的行政助理和行政主任都要同时向卜琳达小姐和这个高级人力资源主任汇报工作。

来自加拿大的茹娜思

时间过得真快，转眼就是2005年了。

加拿大总部派了一个叫茹娜思的高级项目总监到深圳来，一方面和新加坡的ISO项目组的同事一起进行大中华区的认证准备工作，另一方面还要主导进行一些大型培训项目，这些培训项目包罗了电子技术沿革、目标管理（Management By Objectives，简称为MBO）等方面的内容。大中华区的部门经理以上级别的人员都要到深圳参加。

卜琳达小姐亲自去宝安机场接茹娜思。将近一米八的茹娜思坐进后座之后，出租车的空间一下子显得局促起来，卜琳达小姐马上跟茹娜思致歉，说应该租一辆宽敞的商务车才对。唉，卜琳达小姐没料到这个女总监身材这么高大，但如果事前去了解这些细节的话又恐有打探隐私的嫌疑，是十分不礼貌的。好在茹娜思没太介意，时而看着窗外飞速后退的绿树和鲜花，惊呼着"太美了"，时而把头凑到副驾的位置，亲热地对卜琳达小姐问这问那。

卜琳达小姐侧过头和茹娜思热情地聊着，打量着她那简洁的褐色中长发，以及两只颜色不大一样的眼睛：一只蓝色，一只稍微偏

外企培训图（图片提供
深圳外商投资企业协会）

绿——是蓝绿色的。茹娜思说她的眼睛颜色非常神奇，会随日光的强弱变换颜色，这让卜琳达小姐非常惊讶，觉得茹娜思愈发迷人了。卜琳达小姐了解到茹娜思原籍英国，大学是学英国文学专业的，于是搜肠刮肚地讲了几个英国诗人的名字，没想到茹娜思很惊讶，欣喜地叫道：真厉害，你居然知道艾略特，知道布朗宁！卜琳达小姐霎时窘得红了脸，心里暗自感慨"书到用时方恨少"，没办法继续深入英国文学这个话题。

茹娜思说在加拿大总部，加拿大和美国的同事居然私自改动她电子邮件里的英文，这让她很恼火，他们的英语是 American English（美式英语），而她的英语是 English English（英式英语），才是最正宗最纯粹的英语。茹娜思话里一连串的 English 把卜琳达小姐逗得咯咯

外企培训——"走进杜邦"总经理沙龙（图片提供深圳外商投资企业协会）

直笑。

卜琳达小姐问茹娜思，是否毕业了之后就一直在加拿大科达康公司供职，茹娜思说去加拿大之前她曾去过韩国，在某个国际语言培训中心教英文，韩国人发不好卷舌音，总把她的名字念成"卢娜思"，无论她怎么纠正，韩国人都梗着脖子说：没错啊，我读的就是"卢娜思"（茹娜思）！茹娜思眉飞色舞地讲着，的士司机虽然听不懂具体的内容，但是被两个女人的谈笑声感染了，一路都咧着嘴笑。

果然，茹娜思把整个培训项目进行得有声有色，妙趣横生。隔着门都能听到培训室传出来的一阵阵笑声。有一节培训课是给非电子专业的员工普及电子知识的，卜琳达小姐特意去听了一下。其中讲到了一个专业的名词：摩尔定律。摩尔定律是由英特尔创始人之一的戈登·摩尔（Gordon Moore）提出来的——当价格不变时，集成电路上可容纳的元器件的数目，约每隔18—24个月便会增加一倍，性能也将提升一倍。换言之，每一美元所能买到的电脑性能，将每隔18—24个月翻一倍以上。摩尔定律的内容归纳起来，主要有以下三种版本：1. 集成电路芯片上所集成的电路的数目，每隔18个月就翻一倍。2. 微处理器的性能每隔18个月提高一倍，或价格下降一半。3. 用一个美元所能买到的计算机性能，每隔18个月翻两番。"摩尔定律"归纳了信息技术进步的速度。在摩尔定律应用的40多年里，半导体芯片的集成化趋势一如摩尔的预测，推动了整个信息技术产业的发展，计算机从神秘不可近的庞然大物变成多数人都不可或缺的便利工具，摩尔定律对整个世界产生了深远的影响。在回顾40多年来半导体芯片业的进展并展望其未来时，信息技术专家们认为，在以后摩尔定律可能还会适用。但随着晶体管电路逐渐接近性能极限，这一定律终将走到尽头。

来受训的同事们不管是真听明白了的，还是听得似懂非懂的，都被摩尔定律搞得异常振奋，不约而同地涌上一种嫁对了郎、入对了行的自豪感觉，真是生逢其时啊，这是一个最好的时代！等将来摩尔定律走到尽头了，大家也都该退休了。没准儿将来又发明了什么新技术，派生出什么新定律。那该是属于另一个时代的故事了。

茹娜思即将结束她的中国之旅，继续赶往下一个国家。临别前，茹娜思狡黠地笑着，提出让卜琳达小姐带她去可以购买一些物美价廉的玩意儿的地方逛逛。看来，她到深圳来之前是做了不少功课的。卜琳达把茹娜思领到了罗湖商业城。茹娜思浏览着商城里琳琅满目的包包、手表、各色服饰以及珠宝饰品等商品，对它们呈现出的良好品相和不可思议的低廉价格惊叹不已。茹娜思说她来中国之前听说过北京的秀水街，看来深圳的这个"秀水街"更让人惊喜嘛。

　　店员大都是样貌姣好的靓妹，普通话、广东话都很流利，老外的身影一出现在档口，靓妹们立刻就像开启了一个按键般，连珠炮地吐出预先"录制好"的一堆洋文，手里拿着计算器热情上前，快速地敲出一个个数字，殷勤地回复着每一件商品的询价。这样既避免了隔壁竞争对手的探听，又省却了价格说和听得不真切造成的各种有碍成交的麻烦。茹娜思从钱包里掏出一沓事先兑换好的人民币，和卜琳达小姐一起一边辨认币值一边付着货款，她满意地朝卜琳达小姐挤挤眼，说这才是真正的"购物天堂"。

罗湖商业城

小聚

卜琳达小姐收到好友高露西的电话,约这个周五下班后小聚。卜琳达小姐这才猛然发觉已经好长时间没有私人社交活动了。

她每天早上起来,匆匆塞下保姆煮好的白粥鸡蛋,拎上母亲精心准备的午餐盒,便赴远大前程般地出门赶地铁上班去了。午餐盒非常重,里面是早上现焖的米饭、现做的菜,以及一奶杯汤。汤是昨晚煲好放在冰箱里,临装进汤杯前撇掉了凝固的那层浮油的。汤几乎每天不重样,乌鸡阿胶汤、沙参甲鱼汤、党参乳鸽汤……很多外省的女同事连坐月子的时候也没见识过这么名目繁多这么滋补的汤。卜琳达小姐这种堪比产妇级别的饮食,让好多女同事艳羡不已。卜琳达小姐的家人简直把她当作还在上学的小女生来宠。除了老火汤,菜里面的香煎海鱼、红烧排骨、卤牛肉等都是方便微波炉加热的荤菜,素菜主要是玉米或者胡萝卜等同样是微波炉加热后不影响口感的非叶菜。

如果中午刚好有商务饭局,卜琳达小姐会让没带饭的同事把她的汤和菜分吃掉,再把空饭盒带回家来。如果她回家时没带空饭盒,母亲便会唠叨,说饭放在公司里隔了一夜第二天再吃对胃不好，原盒带回来给她和保姆吃就是了。在便当袋的空隙里还会被塞进苹果或橙子等挤地铁时不会被挤烂的时令水果，那是给卜琳达小姐当"下午果"或晚下班时充饥用的。但卜琳达小姐经常忙得忘了吃，有时便在周五那天离开办公室前，把那些放蔫巴了的水果集中消灭掉。

卜琳达小姐每天晚上差不多八九点钟才进家门。除了吃饭和洗澡，她几乎没有更多的气力操心别的事情。若是公司在周末举行团建活动，她作为组织者必须参加，否则双休日大都是用来补觉。加上成家有了孩子之后，和朋友见面的机会就越来越少了。

所以这次好友相约，卜琳达小姐非常高兴。高露西是重庆人，家人都在内地。卜琳达小姐本想在办公室附近找个川菜馆子，比如德庄火锅之类的，一辣方休，结果高露西说她已经戒辣好长时间

团建联谊活动（图片提供深圳外商投资企业协会）

跨越千檐一
刻下岁月的历历印痕
漂洋过海来深圳

外企团建活动（图片提供 深圳外商投资企业协会）

了，因为她怀孕了。卜琳达小姐听罢拿着电话听筒愣了一下，然后很快地回道：酸男辣女，看来你要生男宝宝了。

高露西把两人碰面吃饭的地点选在了东门那边的乐园路海鲜街。乐园路海鲜街是以前她们团建活动之后的聚餐老窝点，这还是一个老工程师发现的好地方，这个老工程师是广州籍的美食达人，年轻时到湛江的农场下过乡，深知湛江美食的精髓。公司里一说要吃广东菜，多是来乐园路饱餐湛江风味——蒜蓉粉丝蒸沙虫、姜葱炒蟹、炭烧生蚝、沙姜鸡、椰青水……食材新鲜滋味美，性价比非常高。不像到盐田大小梅沙那边，经历了一番山长水远让人狂躁的大堵车之后，在沙滩上挤挤挨挨下了一拨又一拨"人饺子"之后，在海鲜馆里还要再挨上"温柔一刀"。

虽然这里的就餐大环境不是很好，东门老城区街道逼仄，建筑显得老旧，但食街每间食肆的门面和内部装修都不差，店家将各种海鲜招摇地摆放在入口处，当街就可以一览无余，海鲜池的一侧大都是一个大煎锅，专司香煎私房豆腐和海鱼，旁边还有一个炭烤炉，覆了厚厚一层蒜蓉的生蚝在炉上一边缅怀大海，一边汁水四溢。一旁的角落里，码着高高的青椰或者硕大的味道浓烈的菠萝蜜……种种细节似乎都在提醒着这座移民城市里来来往往的人们——这里，是广东。

卜琳达小姐用热茶水帮高露西涮过了碗筷、暖过了杯之后，便认真地观察高露西的气色，以过来人的身份对高露西面授了好多准妈妈的注意事项，还准备回家翻一下衣柜，把那两条八成新的孕妇裙拿给高露西穿。高露西没怎么提孩子爸爸的事，卜琳达小姐也不

　　店家将各种海鲜招摇地摆放在店门
入口处，当街就可以一览无余，炭烧生
蚝的蒜蓉味，角落里码得高高的青椰
堆，硕大的味道浓烈的菠萝蜜……一切
细节都在彰显着这座移民城市里的广东
原色

好多问。高露西在很多年前受过感情方面的重创，卜琳达小姐在高露西面前一向都很刻意地对自己的婚姻和家庭生活避而不谈。

卜琳达小姐心里存了很多问号：高露西结没结婚？孩子的父亲是外国人还是中国人？高露西以前曾说过要找个外国男友，然后生个漂亮混血宝宝的事。一想到混血宝宝，卜琳达小姐脑海里浮现出安东尼先生英气逼人的五官。当听到高露西说年底预产期前她老公的父母会从成都过来照顾她，卜琳达小姐总算捕捉到了一个准确的信息：孩子的父亲是四川人。

高露西说她准备到香港生。在卜琳达小姐所在的花园小区，那些华为、中兴等公司高管的留守太太们有不少是到香港生二胎的，在2016年国家实施开放二孩政策之前，多生孩子的家庭要缴交数额不菲的罚金。有些经济状况较好的家庭选择了远赴国外产二胎。到2003年开通了香港自由行之后，深港之间过境变得便利，深圳兴起了赴港产子的热潮。

高露西说，她已经找好中介公司了，全程都有专人陪同。咨询预约、安排赴港、产检预约、回家待产、赴港分娩、证件办理……只要大约十万港币所有的事情全搞定，孩子一出生就是香港公民，享有香港永久居住权、12年免费义务教育、中英粤三语教育环境、全球130多个国家免签的香港护照、无须参加内地高考、60岁后领取香港养老保险，性价比真是高。

高露西的脸上淌满了幸福。卜琳达小姐实在不忍心泼冷水，告诉她孩子将来上幼儿园、小学可能会面临许多棘手的问题。几年之后，当数以万计的"双非"儿童回流香港上学，不光给香港教育体系带来沉重压力，那些家庭更是要付出许多时间成本和经济成本。而放弃到香港上学的机会，直接在深圳接受基础教育的"双非"港童，又面临着没有公立学位的尴尬，唯有去读学费高昂的私立学校。这些都是后话了。

高露西说等她生完孩子之后就准备辞职，她这些年在日企上班攒了一些钱，在福田买的两室一厅的公寓花去了一部分，其余的钱应该可以维持到孩子上小学自己都不用工作。在外企，有很多像高露西一样的女孩子，在职业生涯巅峰的时候，出于各种原因，要么是支持老公创业，要么是抚养孩子，选择中途退离职场。

卜琳达小姐的小孩幼儿园快毕业了，很快就会面临上小学。孩子的父亲满世界外派，一直贴身帮她照顾家庭的母亲也越来越老了，真不知自己还会在职场上走多远。安东尼先生还说将来她职位还会越做越高，下属越来越多呢。但有时她真的觉得身心无比疲惫，在刮大风下大雨的寒冷阴暗早晨，在被生理周期的不适搅扰得难以入眠的夜晚，她都像个小学生般幻想着第二天写字楼停电，或者公司的电脑系统瘫痪掉，她好名正言顺地不用去上班……某些念头时不时地会冒出来撩拨一下，让她在庸常且又冗长的光阴的呆板重复里，臆想着复制一场高更式的塔希提大逃亡。

和高露西话别之后，卜琳达小姐步行穿过东门老街去乘地铁一号线。在人流密集的地铁口，一群学生模样的女孩子身穿着"超级女声"周笔畅头像的T恤在拉票，她们举着周笔畅的大幅照片，口中不时喊着口号"笔畅笔畅，实力唱将"。"笔迷"中有几个女孩子的眼镜特别像周笔畅戴的那种样式，一看就是专门到眼镜店去配的。

不少行人都非常友好地停下脚步，有的二话不说点开手机立马就投票，有的则和孩子们简短地讨论"超女"的比赛近况，有的虽然是支持张靓颖或者李宇春的，但也善解人意地帮这些学生给她们的偶像——来自深圳的笔笔投票……今天刚好是周五，湖南卫视会播放"超女"的晋级赛。

　　卜琳达小姐断断续续地看过一两次"超女"比赛的节目。她素来不是一个狂热的人，就像当年《中国可以说不》被夸得好似一本天书，她也没有像许多人那样急不可待地买来熬个通宵一口气读完。但是地铁口拉票的气氛感染了她，她第一次惊讶地发现，作为一个流动人口数量超过常住人口数倍的城市，围绕着"深圳"二字，其归属感和认同感的半径正日渐拓大。她甚至有些遗憾，为什么《超级女声》不是深圳制作的节目？这种节目和深圳的某些精神特质还真是不谋而合呢。她一边往前走一边在心里轻轻地哼唱着：想唱就唱，要唱得响亮，就算没有人为我鼓掌……

年会

送走了茹娜思，卜琳达小姐便开始进入公司 Annual Dinner（年会）的备战阶段了。

柯小姐上深圳来开过两次会，刚好都是在安东尼先生出差的时候。她没有把卜琳达小姐以及另外两个行政主任和行政助理叫到一起开会，而是把三个人轮流叫到一间小会议室单独和她开会。有一次柯小姐临走的时候，卜琳达小姐说深圳刚开通了地铁一号线，从办公室可以直达罗湖口岸，非常方便。柯小姐说，还是等地铁运行的状态稳定了再说吧，她可不想当小白鼠……卜琳达小姐不知该如何回应，她默默地帮柯小姐把笨重的手提电脑拎到楼下。

此时刚好是深圳的出租车快交班的当口，她们在深南大道边上招了半天手，才截到了一辆空车。卜琳达小姐揉着被电脑包勒出了深深红印的手掌，走回办公室，她看着安东尼先生办公室里空空的大班椅，心想，下周他就应该回来了，于是心里微微一暖。卜琳达小姐让清洁阿姨给安东尼先生办公室里的巴西铁浇一点水，然后卷起真丝衬衣的袖子，在电脑前准备起下周安东尼先生开会要的销售报表和文件，让键盘和鼠标清脆的敲击声一下一下地驱走先前的不快。

　　年会是外企非常隆重的一个活动。它是一年工作的收尾和总结，除了表彰先进，还有大抽奖和文艺表演。年会地点一般设在五星级酒店，食物和服务都要上水准。表彰先进绝不含糊，精神和物质并重，除了由礼品公司设计的刻有获奖者姓名的水晶奖座或奖杯，还有厚厚的奖金红包，金额太大的奖金红包塞不下，就用大大的支票模型代替。有一年销售部有个 Top Gun Sales（最佳销售员），拿了一百万元的奖金，销售部经理李大卫和获奖的销售工程师在台上一起举着那张大支票，笑得只见牙不见眼，非常有视觉冲击力，真是比任何空洞的大口号都能激发士气，催人奋进。大抽奖的奖品有的来自公司高层，有的来自供应商或客户的赞助，大都以现金为主，少数是高科技的电子数码产品。去年有个高层赞助的礼品是一个金元宝摆件，卜琳达小姐从安东尼先生手里接过来进行登记，说这么个玩意儿又不能吃又不能玩儿的……结果恰恰是被卜琳达小姐抽中了这个金元宝。这一度成了年会的笑谈。

　　在香港，几乎每家公司都要在年底的时候扎堆搞年会的，所以要提前订酒店，否则便空余恨了。至于要提前多久，卜琳达小姐一问，吓了一

外企年会全景（图片提供 深圳外商投资企业协会）

跳，原来是要提前一年。不知是不是香港公司今年的年会场地没预订成功，总之柯小姐打算搞搞新意，把香港的年会和深圳的合在一起弄，这样不光整个预算节约不少，人多搞起活动来人气也更旺。

香港同事非常积极响应此事，一周内就报上来好几十个节目，还有三四个销售工程师主动要当司仪的。科达康公司的总体颜值是非常高的，上到CEO、VP，下到客服、行政助理，样貌都很出众。尤其是像科达康这种以销售为主导的公司，销售部这种一线部门在挑选员工时，就格外注重外观仪表。很多销售工程师和FAE（技术支持工程师）又高又帅，据说业余时间有的玩儿乐队，有的当平面模特，非常时尚炫酷。写字楼里华服包裹的俊男美女营造的种种爽心悦目——毫无疑问，这是卜琳达小姐这些白领们，每天挣扎着离开床畔、披挂齐整、锵锵然冲杀向职场的一个重要的驱动力。当然，装修得科技前卫环保，高低楼层电梯分流，写字楼大堂和洗手间都要刷门禁，物业管理严谨到位，一年四季都保持23度恒温的办公环境，每个月初银行卡上准时到账的犹算体面的工资金额，等等，也是功不可没、不容忽视的因素。

卜琳达小姐罗列出公司周边的五星级酒店，挨个儿去预访了一遍，筛选出宴会厅的大小适合科达康公司年会人数规模的酒店，把报价和菜单等资料拿回来汇报给安东尼先生，一起按照大致的预算挑选出一家最合适的酒店后，与柯小姐和安东尼先生约好时间，三个人一起到酒店去看场地试菜。

卜琳达小姐处处赔着小心，认真地听着柯小姐对酒店挑出的每一处毛病——宴会厅的柱子太大，地毯太花，投影墙的朝向不好，菜单里的农家小炒肉有凑菜的嫌疑，一个家常菜怎么能登知名跨国公司年会的大雅餐桌？对于这种在任何事物中都能找到缺点的天赋，卜琳达小姐自愧不如。卜琳达小姐和安东尼先生跟着柯小姐在酒店里转来转去，听得眼花缭乱，饥肠辘辘。陪同的酒店宴会经理脸上的表情如同出锅后被冷落许久无人下箸的清蒸鱼一样，越来越僵硬。

好不容易能在试菜的餐桌边坐下来了。谢天谢地，乳猪拼盘、清蒸石斑、鸡丝鱼翅羹等酒店的拿手招牌菜都做得非常好吃，柯小姐大概是在之前环节的百般挑剔中耗去了太多精力，吃饭时就像一个没了电的芭比娃娃，瞪着大眼睛不大言语。试过菜后，柯小姐之前以独到的慧眼发现的酒店的各种瑕疵，都成了和酒店砍价的筹码，直到宴会经理放下筷子，离桌打电话跟她的上司请示到了一个让柯小姐感到满意的价格后，柯小姐才露出一丝难得的笑容。她让酒店的宴会经理把之前的菜单稍做了调整，作为合同的附件，让卜琳达小姐跟进后续的合同签署和定金预付等事宜。

卜琳达小姐将文件仔细地理好，收进随身带来的文件袋里，咔嗒一声合上文件袋扣的时候，一直紧绷着的心似乎也咔嗒一声轻松了下来。"Making the strength of the boss productive is a key to the subordinate's own effectiveness. 我们该知道运用自己上司的长处，这也正是下属工作卓有成效的关键。"——卜琳达回味着"现代管理学之父"彼得·德鲁克的至理名言，对柯小姐的敬畏又增加了几分。作为一个下属，不可能奢望每一位上司在"强硬"和"亲和"间都能达到完美的平衡。她想她应该吸收各种不同类型的上司的优点，扬长避短，在职场实践中培养出自己独到的管理风格，成长为一位优秀的经理人。

正事搞定了，在回公司的车上，柯小姐似乎想聊点轻松的话题，来缓和一下她刚才在酒店里的犀利。她笑着说，安东尼先生和卜琳达小姐你们两个人真奇怪，你们单独跟我讲话时是讲粤语，而

　　第五届中国彼得·德鲁克高层管理论
坛。1954年，"现代管理学之父"彼得·
德鲁克提出了一个具有划时代意义的概
念：目标管理（Management By Ob-
jectives，简称为MBO），它是彼得·德鲁
克所发明的最重要最有影响的概念，并已
成为当代管理学的重要组成部分（图片提
供　深圳外商投资企业协会）

你们两个人对话时，却讲的是普通话，这是怎么回事？卜琳达小姐的心似乎被什么击中了，轻轻颤了一下。她看了一眼安东尼先生，只听安东尼朗声说道，在深圳公司，应该说在华南区，只有卜琳达小姐的普通话最纯正，这种普通话让我感觉回到了童年的北京大院。

卜琳达小姐笑了，捂着嘴说，她发现安东尼先生讲普通话的时候声音最动人，而自己是个声音控，所以……柯小姐哈哈地大笑了几声，说你们两个无非是在拐着弯说我们这些香港人的普通话讲得太难听罢了。卜琳达小姐和安东尼先生一起跟着哈哈了两声，便一路无话。

卜琳达小姐自己也不知道究竟是怎么回事，为什么她平时可以很流利地跟香港同事讲广东话，但是一旦面对安东尼先生的时候，就会感觉舌头变钝，喉咙发紧，一句广东话也讲不出来。或许是潜意识里，她觉得自己的普通话是一百分的，而粤语只有九十八分，这欠缺的两分让她感到了别扭和不自信。而她从内心深处希望，在所有的事情上，自己呈现给安东尼先生的都是一百分。

变数

绩效考评是年底非常重要的一项庞大工程，而且这次要施行新的考评方案——360度考评。具体操作是分别由上级、同级、下级、相关客户和本人按各个维度标准进行评估。360度绩效考评发源于西方，西方文化与中国传统文化有着本质的不同。西方文化比较强调个人主义，重视自由、平等与开放。西方员工勇于自我否定，能直言不讳地批评别人，也善于听取来自各方面的意见。但在中国，儒家文化强调群体至上，崇尚中庸与平稳。中国员工通常不愿意批评别人，也不太能接受别人的批评，不太愿意袒露自己的真实想法。鉴于360度绩效考评方式在中国分公司的推行可能存在某些阻力，前期准备阶段的工作于是变得相当重要。

评估过程中，除了上级对下级的评估无法实现保密之外，其他几种类型像同级、下级、相关客户的评估都是采取匿名的方式。评估结果出来后，卜琳达小姐发现她的几个下属对她的评价都非常高，这让她很感动。柯小姐虽然安插了一个香港的高级人力资源主任过来架在卜琳达小姐和她的几个下属之间，但卜琳达小姐对下属既亲和又严格的管理风格还是得到了认同。

跨越千禧/刻下岁月的历历印痕
漂洋过海来深圳

深圳国际仲裁院揭牌仪
式（图片提供　深圳外商投
资企业协会）

　　她的这几个下属都是"80后"，有的跟深圳市同龄，有的甚至更小。公司里这个年龄段的员工在逐年增加，他们几乎都是国家实行大学扩招政策之后的毕业生，而且也是国家计划生育政策之下的头几批独生子女。虽然"一代不如一代"这种看法过于刻板和偏激，但对于"60后""70后"的管理层而言，他们对这个群体的员工是失望和惊喜永远并存的，只是哪边的比例稍微重一些而已。

这次的绩效考评结果是一个良好的信号。卜琳达小姐在科达康公司工作已经超过6年了，服务满10年的员工会获颁长期服务奖。据拿过此奖的香港老员工透露，除了一笔奖金，还有一支刻有自己名字的派克金笔作为纪念。卜琳达小姐不知自己在科达康的职场上能不能继续存活到拿长期服务奖的时候。这里面的变数太多了。近在眼前的一个非常大的人事变动就是：安东尼先生因为在大中华区的优异表现，被升职并召回加拿大总部委以重任。

安东尼先生在接受总部的这个委任之前，其实曾认真思考过要否长期留在深圳发展的问题。他每次去参加外商投资企业协会举办的年会或沙龙等活动的时候，在和供应商或客户打交道的过程中，都能感受到那些世界500强外企对深圳日益完善的政商环境的肯定。而且，正如媒体所宣传的，深圳正向更多高层次外籍人才伸出橄榄枝，着力推动外国人在华永久居留资格待遇落实问题，并借助人才"绿卡"放大特区的"磁吸效应"，聚天下英才而用之。但是，由于父亲在北美的家族的确有一些事务是需要安东尼先生照应处理的，转回加拿大任职似乎更能两全。

和许多的部门经理一样，卜琳达小姐为安东尼先生的升迁感到由衷的高兴，但同时也为数年的并肩战斗产生的"革命情谊"依依不舍。当然，天下没有不散的筵席。

接下来不知道会是一个怎样的人来掌舵深圳的公司。卜琳达小姐也不知自己的职场生涯将会经历怎样的变化……

无论怎样，安东尼先生、柳女士、柯小姐、茹娜思、何保罗、李大卫、王威廉、张杰克等等，这些职场上和卜琳达有过或长或短交集的人，都注定会在她的生命里留下深深浅浅的刻痕。这些刻痕是她和深圳这座青春之城永远共有的珍贵记忆。

总而言之，"2008"，是一个十分特别的年份，它要么是以一些非常极端的方式让人刻骨铭心，又或者是以无比震撼的方式令人莫名激动。毫无疑问，这些大事件——南方特大雪灾、汶川大地震、北京奥运会……都将会被载入史册。

第三章

长　日　漫　歌

舞动青春的猎猎旌旗

布莱克夫妇
住在英伦公馆

　　布莱克先生家的保姆打电话到公司里来，说英伦公馆的管理处太差劲了，总拿他们家的狗——理查德（Richard）说事儿，跟她过不去，让人力资源及行政部的总监过来好好跟他们理论理论。人力资源及行政部的总监邹女士刚好同她的上司CFO（首席财务官）安迪先生开完会，回到自己的办公室后一听行政经理说到的是和布莱克有关的事，立刻把办公室的门关上，让行政经理戴丹娜小姐详细汇报情况。

　　布莱克先生是摩尔登时装公司（公司为化名，编者注）从欧洲总部派来的高级顾问。欧洲的总部有两个主要部门，一个是设计和研发中心，另外一个便是市场营销部。分布在香港、东莞、深圳以及青岛、大连等城市的公司和工厂，各司其职，将欧洲的设计细化拆分，从时装原材料的采购加工到成品的生产、质检、出口等各个环节逐一落实，然后市场营销部接棒负责欧美各大卖场的销售。

　　布莱克先生在深圳主要负责管理QA部门的工作，据说他之前既当过设计师，又在版房做过，经验丰富，资历非常深厚。恃才放旷再加上英国老男人特有的一股傲气，在他周围砌起了一堵墙，旁人为了不碰壁，尽量都绕开走。但行政部作为一个服务性质的部门，无论如何也避免不了和他的近距离接触。戴丹娜小姐在行政经理这个职位上刚到任没多久时，便发觉公司的行政事务中有三分之一是围绕着布莱克，确切地说是围绕着布莱克先生和他太太展开的。

布莱克的太太也在本公司工作，是版房的高级职员。好在她和前夫所生的六七个孩子都在菲律宾老家马尼拉。不然，这一大家子的事可够行政部忙乎的。去年摩尔登深圳公司也和香港及欧美的办公室一样，推行"带孩子上班日"，布莱克太太看到内地员工家庭清一色的独生子女，羡慕得不得了，她说如果不是每年汇一大笔钱给自己的父母，让他们照顾那六七个孩子的生活起居，她根本不可能在深圳这边和布莱克先生过得这么逍遥，独享二人世界。

戴丹娜小姐听她的上司邹女士说，公司给布莱克家租的套房在英伦公馆，那几乎是福田中心区最贵的花园小区了。这天，戴丹娜小姐带着她的下属行政主管在小区里兜了一圈，大致浏览了一遍这里的环境。里面的园林设计很欧化——雄伟的大罗马柱，形态各异的白色石膏人物雕塑，气势磅礴的音乐喷泉……乍一走进来还以为是到了华侨城的旅游景点"世界之窗"。

戴丹娜小姐是深二代，初中的时候随工作调动的父母来到了深圳。她的母亲原本是中学语文老师，曾是上海知青，凭着当年"上山下乡"的一股劲头到深圳"下海"来了。她的母亲胆子真大，深圳这边还没正式找好接收的学校，就把现有的工作先辞了，那可是一个旱涝保收的铁饭碗。精明能干的母亲很快就物色好了新学校，编制什么的都落实得妥妥的，然后在内地国企当工程师的父亲才跟

车公庙天安数码城片区，美
丽的深南大道（孙宇昊　摄）

着随迁过来。

她们家很快就搬进了单位分的福利房。深圳市早先的福利房没有电梯，阳台上安装着严实丑笨且锈迹斑斑的防盗网，但是戴丹娜小姐在那里度过了愉快的少年时光，每天骑着一辆旧单车去上学（新单车放在楼道里很快就不见了，住户们跟管理处反映多次，要求加强小区的安防措施，都无济于事。一是因为低廉的管理费根本支撑不起增聘保安的开销，二则每天都不断涌入这个城市的外来人口在增加着难以预估的治安隐患）。暑假里她和同学去附近的东湖公园游泳，寒假和同学逛东门老街淘买各种小玩意儿。

戴丹娜小姐结婚后和公婆一起住，公公原先是深圳的工程兵，转业后到了区里的文化单位。公公婆婆比较有先见之明，在腿脚不利索之前就把单位的旧福利房置换成了电梯房。但小区的绿化比较简单，地下车库通风效果很差，而且停车位奇缺，好多车子都停到地面上来了，挤占了通道。晚上想在小区散个步都没法下脚。

戴丹娜小姐今天看了英伦公馆的环境后，非常振奋，觉得自己应该赶紧去"华尔街英语"报读一个顶级培训班；虽说自己的英文可以胜任目前的工作，但要想更上一层楼的话，"武艺"要更精湛。她每个月都要过香港开例会，除了做英文的PPT报告，每个部门经理都要全程英文述职。作为首批本土化的行政经理，戴丹娜小姐觉得自身的专业能力是可以令她在香港的同僚面前昂首挺胸的。他们略胜一筹的就是英文水平了。

现今职场上，越来越多跨国公司的高级职位走向本土化了，要想和潮水般回涌的海归以及经验老到的港澳台同胞同台PK，必先利其器。还有，家里那位郎君现在苟安在一个事业单位，总想把自己定位为顾家的暖男，得找机会敲打敲打他。照顾家里的事情可以找保姆嘛。趁年轻得集中火力拼事业。这可是深圳。深圳可不是一个单纯用来养老的城市。

英伦公馆的管理处了解到戴丹娜小姐她们的来意后，解释说不是管理处跟布莱克家的狗过意不去，而是他们家的保姆在楼下遛狗的时候，经常不牵狗绳，让狗乱窜。有一次她跟其他保姆聊天聊得忘乎所以，任由狗在草坪上撒欢儿拉屎，跟她聊天的另外一个保姆带的孩子爬在草地上玩儿，抓了一手的狗屎，结果抓了狗屎的小孩家长怒气冲冲地炒了保姆，并要求管理处通告各住户，好好管一管自家的狗。管理处之前就接到过其他业主的投诉，说布莱克家的保姆遛狗经常不及时清理狗屎。所以这次就趁她遛狗的时候跟她谈了谈，特地强调了一下这个事情。考虑到小区里住了不少像布莱克这样的外国人，管理处还特地在电梯口的公告栏粘贴了中英文版的通告，详细列明了一些文明养宠物的注意事项，但保姆觉得是管理处欺负她，因为主人家是洋人，管理处崇洋媚外，不敢直接说他们，只好针对她。管理处希望戴丹娜小姐再和布莱克以及保姆好好沟通沟通，认真对待狗屎问题，毕竟英伦公馆是个高端住宅小区。

布莱克先生是不是觉得"英伦公馆"这几个字特亲切，真把这里当成自己的英国乡下老家了？戴丹娜小姐心想。她让行政主管跟管理处要了一份英文版文明养犬通告，回头好跟上司邹女士汇报。

她们从管理处出来后便到楼上布莱克家里找那位保姆。布莱克说家里有电器坏了，让她们联系业主换新的，她们要先看看是什么情况。保姆原来是位有些岁数的阿姨，热情地问她们是要喝咖啡还是茶，根本不像一个难沟通的人。行政主管跟保姆转达了养狗注意事项后，保姆也满口应承会注意。接着她带她们去厨房看微波炉，说是加热不了食物了。行政主管给业主打电话，业主说微波炉这些家电都是起租时新配的，怎么才用一年多就坏了？微波炉是在山姆会员店买的知名品牌货，让他们联系厂家过来修就是了。电器故障是租户自己使用过程中发生的，维修费用他是不承担的。

等戴丹娜小姐她们准备走了，保姆才支支吾吾地说，想让她们给布莱克讲一讲，看看能不能给涨点工资。布莱克之前在东莞工作的时候，她就在他们家当保姆了，然后又跟来了深圳，都好几年了工资也没给加过。院子里别家的保姆工资都比她高一大截。她不懂说外国话，平时除了做家务就是照顾狗，跟布莱克他们几乎没有交流，所以没法谈工资的事。工资是每月布莱克将现金交给行政部代为存入保姆账户的，所以保姆觉得只有行政部最适合帮她去谈工资的事情。

不知不觉便在英伦公馆耗了一下午，一看时间差不多18点了，行政主管打电话让车队的司机过来接她们回公司。回到写字楼的车库时，已经是快19点了，司机刚好可以在这里等返港的香港职员下来，于19点整送他们到皇岗口岸，他们过了关后，再各自搭乘合适的交通工具回家。公司的车队一早一晚，在不同时间段内在深圳办公室和皇岗口岸间穿梭往来，给在深港两地通勤的香港同事提供了很好的服务和保障。

戴丹娜小姐她们正准备去乘电梯时，看到旁边停着香港办公室

漂洋过海来深圳
长口漫歌／
舞动青春的猎猎旗

的深港两地车牌商务车——一辆白胖娇憨的 Alpha，于是便和深港车司机阿良打了个招呼，问今天怎么这么迟还没回香港。阿良说在等斯宾瑟先生。

斯宾瑟先生？戴丹娜小姐想了一下，问道：斯宾瑟先生不是明天还要参加新员工的午餐会吗，怎么今晚又跑回香港？行政主管连忙提醒她，午餐会是后天。戴丹娜小姐惊呼：真是忙昏头了，时间都记错了。阿良笑着回道：真是快乐不知时日过啊！

午餐会

每隔一两个月，人力资源及行政部就会组织一次新员工的午餐会，这是员工 Orientation Training（入职训导）的延伸部分，既可以说是新员工的欢迎会，也可以说是新员工的吐槽大会。这个午餐会的发起人是首席运营官斯宾瑟先生。

斯宾瑟先生有着爱尔兰人的红脸膛，比微秃的布莱克要高大得多、年轻帅气得多，人也更友善。他负责整个亚太区的运营，级别自然也高过布莱克。常驻香港的他每个月会不定期地过来深圳办公室几趟，他那挺拔健朗的身影刚一出现在前台，前台小姐立马打电话给茶水间的清洁阿姨。清洁阿姨端上热咖啡去到斯宾瑟先生的办公室，从他手里接过零钱，快步跑到楼下的西饼廊买上三个可颂（牛角包）送上来。斯宾瑟先生在深圳繁忙的一天便从面包与咖啡的浓香里开始了。

午餐会 12 点半开始，戴丹娜小姐带领着行政部几个下属在 12 点 20 分的时候便将大会议室里的东西全部就位了。有些水果像蓝莓、西梅、橙子等是跟着深港车一早从香港过来的。巴黎水、阳光少女提子干、小核桃干等这些进口零食，从 CEO 的 VIP 专用冰箱里刚取出来，戴丹娜小姐让行政助理她们仔细检查过了包装上的保质期。三明治是提前向楼下西饼廊预定，今早现做好后送过来的。咖啡壶和茶壶热气腾腾地冒着袅袅香气。

参加午餐会的管理高层除了 CEO、CFO、COO 这几个"O"外，还有一些中高层的"D"们和"M"们，D 是指 Director（总监），M 是指 Manager（经理）。布莱克的头衔是高级顾问，不在 O、D、M 之列，显得很特殊，既暗示了和公司创始相关联的一丝特别渊源，又包含了某种有别于一般雇佣关系的优越。总之，午餐会上难得一见他那高傲的身影。参加午餐会的其他人则为一两个月内入职的新员工。

参会的人陆续进到会议室。长圆桌的一端空出来的几个位置是"O 位"，其余的位置大家随便坐。"O"们先做自我介绍，最大的两个"O"是 CEO，其中一个是香港人谢先生，另外一个是美国籍弗朗西斯先生。他们都是股东之一。CFO 首席财务官是香港人安迪先生，COO 首席运营官是前面已经出过场的可颂哥斯宾瑟先生。

轮到新员工发言了，他们先用英文介绍自己的教育背景、工作简历等个人情况，以及为何选择加入此公司，然后要着重讲述一下入职的这一两个月来有什么感受，不论是公司管理、运营还是其他什么方面都好，是否存在什么不足和漏洞，应该怎样改善。为了不浪费大家的宝贵时间，对新公司形式化的空洞赞美坚决杜绝。

戴丹娜小姐很佩服斯宾瑟先生想出的这个妙招。新员工乍加入一个新公司，会很敏锐地感受到新旧两种环境的差异，容易发现存在的问题。所谓"旁观者清"嘛。等时间久了，员工逐渐融入并淹没进常规的泥沼后，会被同化掉，变得"当局者迷"了。诚意倾听来自各方面的意见和建议，并会认真改进、执行——这是很多外企的行事风格。唯有内心强大才能造就更多的卓越。卓越者从不会拒绝让自己变得更加完美。

虽说有CEO秘书在做会议记录，但人力资源和行政总监邹女士还是拿着笔认真地在本子上记，还时不时地把重点内容翻译给CEO和COO们听。她单薄细瘦的后背几乎就没有靠过座椅的靠背。邹女士做事一丝不苟，细致入微到让下属惊叹而且绝望。每周来深圳办公的那几天，每天下班她几乎都是坐公司最晚21点那趟去皇岗口岸的班车返港。深圳的人力资源及行政管理团队大多是才到岗一年多的新人，羽翼未丰。而深圳在摩尔登公司全球的地位又越来越重要。她事无巨细都要过问，务求香港、深圳两手都要抓牢抓好，齐头并进。

戴丹娜小姐听着那些新员工讲述各自是如何加盟这家公司的种种情形，回想起自己当时作为新人参加午餐会的情景。她此前一直在高科技类的跨国公司工作，偶然的机会看了明珠台的美剧《丑女贝蒂》，觉得时尚界真是多姿多彩，比一板一眼的理工男们有意思多了。《丑女贝蒂》还没播完，年度的奥斯卡大片《穿普拉达的女魔头》更加引人入胜，看罢让人非常想即刻坐到职场小麻雀安妮·海瑟薇的办公桌前，体验一把天天衣香鬓影，日日如履薄冰，被那位几乎从不摘掉墨镜，打个喷嚏时尚界就要抖一抖的女魔头上司24小时暴虐，最后涅槃成职场凤凰的酸爽感觉。可巧猎头公司这时找上门来，说有一家叫摩尔登的国际一线品牌时装公司有空缺。戴丹娜小姐于是欣欣然奔时尚而来。

戴丹娜小姐觉得从颜值的综合水平来讲，汇集了中国东西南北四面八方美女的深圳是不输其他城市的，兼且深圳的平均年龄是全国最低的。但普遍看来深圳职场的穿着似乎稍显随便了，和"时尚"二字还隔着一些距离。戴丹娜小姐每天观察公司所在的这个片区的一些写字楼里进进出出的男女白领，一些女孩连妆都不化，带破洞的牛仔短裤不论是长度还是款式，都在挑战正规职场的容忍限度。偶尔还会看到男孩子的西装袖口上的商标不剪掉的，再有就是裙子或外套开衩部位出厂时钉的两针交叉，也不懂在上身前先要拆除掉。

戴丹娜小姐觉得父母在深圳待久了，回上海探亲时，他们越来越休闲随意的衣着打扮都快要遭到亲戚们的鄙夷了。广东这边非常务实，笃信"自己觉得舒服便好"的生活哲学，在内地某些"以貌取人"的重症高发区，你真看不出来"谁没钱"，而在广东你是真看不出来"谁有钱"。生活中闲适些没有问题，但是在职场上稍微注重一下衣着还是必要的。

深圳有很多本土的服装品牌，就非常适合白领。戴丹娜小姐第一次去香港总部出差时穿了一身"歌力思"的白色套裙，被新同事们大赞很"sharp"（时髦漂亮），让她心里由衷地为"深圳创造"感到骄傲。在华强北那边，*VOGUE，ELLE*等往期时尚杂志经常论斤卖，她和同学小聚逛街时会淘一些回来。明珠台播放的《天桥骄子》（*Project Runway*），以及《全美超模大赛》（*America's Next Top Model*）真人秀，戴丹娜小姐都很喜欢看。还有特朗普主持的美国真人秀节目《飞黄腾达》（*The Apprentice*，那时谁也没料到未来他会当选美国总统），那个一身职业裙装的金发美女 Carolyn Kepcher（卡罗琳·凯彻）——时尚的职场"白骨精"铁面无私地吐出：You are fired!（你被解雇了！）这一金句时，戴丹娜小姐觉得简直酷毙了。

没想到开完午餐会没过几天，戴丹娜小姐就对下属说了一回"You are fired!"，但她心里一点儿也不觉得酷。

司机闯祸

　　公司车队当月值夜更的司机于晚上9点钟送完最后一拨香港员工到皇岗口岸后，将车开回公司的车库，钥匙交回保安室后刷了卡，才算正式下班了。这天的夜更司机张龙在地下车库等到九点零五分也没见人下来，于是打电话问前台值班的保安。保安巡视了一圈办公室后说，香港员工都坐前一班车走了。张龙心里挺高兴，看来今天可以早点下班了，正好到布吉亲戚那边把被褥和行李什么的搬过来，昨天公司宿舍刚好有新床位空出来了。亲戚在布吉做小生意，一家老小租了一套农民房住，他一直借住在那里。

　　张龙正准备下来锁车时，发现有人走过来，那人拉开车门，一屁股就坐进了车厢里。原来是布莱克。他急促地说着"Go home（回家）！Go home！"，然后"汪汪"地学了几声狗叫，又做了几个狗耷拉下头、翻白眼的动作。张龙猜他是不是说要回家，于是便一字一顿地问是回"英——伦——公——馆"吗？布莱克连连说"Yes！Yes！Yes！"

　　张龙犹豫了，行政部对夜更车的职能和路线以及行车时间都是有明确规定的。但布莱克听不懂中文，自己又不会讲英语，没办法把这个意思传达给对方。他想打个电话给行政主管，但布莱克急吼吼地拍着他的肩催他快开车，一副刻不容缓的架势。张龙想自己又不能把布莱克硬拽下来，然后锁车走人。这么做不大合适。看样子是他家的狗出了什么事，要不然也不会那么急。自己帮他这个忙，没准还会被表扬呢。被表扬了没准转正后还给多加点工资呢。但是在深圳住的外国人，所有的的士费都是可以在公司报销的，布莱克怎么不自己叫的士？这不是给我出难题吗？布莱克继续用更大的嗓门在叫着，根本不容多想，张龙油门一踩开到了英伦公馆。

放下布莱克后，张龙看看手表，他突然心里一动，如果把车直接开到布吉，取了东西马上回公司这边交车，时间上应该和正常夜更从皇岗口岸开回公司的时间差不太多。就算是回来迟了一小会儿，交车时跟保安说说好话，通融一下应该没问题的吧？要不自己现在回去交车，还得从车库走到外面大道的公交站，坐车晃上一个多小时才能到布吉，然后第二天一早6点多钟再坐一个多小时公交车晃回来公司取车上早班。多麻烦啊。

于是张龙肥着胆子就往布吉开。城中村里的路坑坑洼洼的，而且非常窄，照明设施很差，他急匆匆地在村里拐来拐去。快到亲戚家楼下的时候，他突然感觉后车轮那里被什么绊了一下。他心里轰然一空，下车一看：一个小孩子倒在车轮旁的地面上。孩子的哭声即刻引来了一大帮人……

第二天一整天，戴丹娜小姐都在处理张龙的事情。

上午，行政主管带着清洁阿姨到大超市买了一些水果、牛奶、蛋白粉、花旗参、蜂王浆等食品和补品回来。3个清洁阿姨把平时公司搞活动回收回来的果篮从储藏室找出来擦干净，将礼品整齐地码放进果篮里，包上新玻璃纸，打上漂亮的缎带结。

这几个清洁阿姨（以及行政部的绝大部分同事）几乎做每件事情时都在想着如何为公司节约费用，尽力不让公司的行政预算超支。而不是像某些从管理不到位的公司出来的人，总抱着"家大业大，浪费点没啥"的态度，行事大手大脚，且处处占公司的小便宜。

公司的纸张必须两面都用，她们空闲时将用过一面的A4纸用版房借的铡刀切成小些的纸片，订成便签本，放在文具柜里，供大家领用。戴丹娜小姐对这几个清洁阿姨真心感到满意，她们都是来自四川或贵州的中青年妇女，最多只受过初中教育，干活很卖力，从不偷懒，而且很有眼力见儿，早上搞完卫生后，便在前台近侧的茶水间待命，一看到有访客过来，便立刻开始准备茶水和咖啡。

公司的咖啡机是进口的，上面都是英文标识。一教她们就很快学会了怎么用。快到中午的时候，她们就开始帮大家热饭，塞满两个大冰箱的饭盒，两台微波炉同时热，微波炉"叮叮"的响声一直到午饭时间才停下来。带饭的多是女孩子，她们踩着饭点举着匙羹到茶水间旁边的餐厅里，到大概固定的位置找自己的饭盒。清洁阿姨不光义务帮大家热饭，有时还会带一些她们自己做的辣椒酱、咸菜或者香肠给同事们佐餐。在内地和香港的长假前期，她们会细心地清理冰箱，提醒那些女孩子将酸奶啊、果汁啊、豆浆啊这些不宜久放的东西提前拿走。

记得现代管理学之父彼得·德鲁克曾提到过：组织的目的是使平凡的人做出不平凡的事。员工的工作是否有成效，在很大程度上取决于他被管理的方式。

这些清洁阿姨都是公司的全职员工。后来2008年全球金融危机来临时，管理层说要砍预算，节约人工成本，想将她们划为外包人员，只支付劳务费，不给予五险一金以及其他员工福利。戴丹娜小姐用一份专业的分析报告让管理层打消了这个念头。

戴丹娜小姐和行政主管带着清洁阿姨打理好的大果篮跟肇事司机张龙去医院看望受伤的小孩。小孩的父母来自湖北乡下，在布吉城中村开快餐店。他们平时忙着采买、烧煮、配餐、送餐，几乎没时间管小孩，把孩子从幼儿园接回来吃完饭了，就由他自己找住在

世界500强杜邦公司员工工作职责承诺墙（图片提供 深圳外商投资企业协会）

附近的小伙伴玩。没想到会出这种事。孩子的母亲一见戴丹娜小姐她们眼圈儿立马就红了，说小孩子这么小就给撞骨折了，不知将来会不会落下残疾。

张龙沉着脸不敢作声。戴丹娜小姐先是代表公司道了歉，然后安慰孩子母亲，让她积极配合医生的治疗给孩子养好伤，如果照顾不过来可以请护工。戴丹娜又提醒孩子母亲，花旗参和蜂王浆这些不是给小孩子吃的，考虑到大人照顾孩子辛苦，这是特地给大人买的补品。孩子的饮食一定要严格遵照医嘱。等孩子康复出院后再做个伤残鉴定，总之不论是保险公司那边，还是车属的摩尔登公司这边，都会承担该承担的责任和费用的。孩子母亲通情达理地点点头，说反正你们是大公司，知道这些事该怎么办的。

戴丹娜小姐当然很清楚该怎么办，等下回公司就得让张龙去人力资源部办理手续：即时解雇。唉，倒霉的张龙，原本是要回去拿铺盖来公司的，这可倒好，立马得卷铺盖走人了。按照相关劳动法规的规定，张龙对公司造成的损失是要负责赔偿的，赔偿的方式是每个月按照一定的比例从月薪中扣除。但是经过和安迪先生、邹女士及人力资源经理邝先生的紧急简会决定，一致同意对张龙进行即时解雇。

车被交警队扣了，车队暂时少了一辆面包车，车辆的调度就会变得紧张。司机安排和时间表等等都要进行调整。有些难伺候的经常跑厂的部门肯定又会哇哇叫。得让人力资源部马上发布新司机的招聘广告。刻不容缓。

英国病人

果不其然，布莱克先生首先发难了。那天张龙违反了公司规定把在办公室加班的他送回了英伦公馆，使他能及时地带他们家的 Richard（理查德）去了宠物医院，捡回了一条狗命。他对此似乎一点儿也不感激，更谈不上愧疚。

之前他和他的部门员工上班时几乎是专用公司的一辆面包车的，但现在公司的车暂时被扣走了一辆，他们就要和其他部门协调使用。他给管理层发邮件，抱怨行政部对一线部门的支持开始松懈，服务质量出现下滑。而他除了白天外出验厂，晚上还要回公司加班到很晚的，的士经常不大好召，所以为了保障他和他的部门持续高效地运转，特请求公司立刻给他租一辆专用车。

财务经理李先生第一个表示反对。李先生也是香港人，英文名字叫 Richard。布莱克在公司里很喜欢有意无意地提起，他家的爱犬和财务经理同叫一个名字。布莱克似乎特别喜欢亲自到财务部那边去交报销单，Richard 长 Richard 短地和李先生搭讪，主动展开描述爱犬的各种长进、各种可爱之处。被财务报表和财务系统纠缠得焦头烂额的李先生才没有闲工夫听布莱克的"狗扯"，一见布莱克来，李先生便关上自己办公室的门，然后打电话让会计经理和主管马上进来开会。

李先生反对租车的理由是，行政部车队被扣的车应该短时间内就会拿回，因为那不是什么恶性大案。今年有几笔额外的开销令行政费用都超预算了，再租个车加上请司机的钱又是一大笔费用。经过拉锯谈判，最后租车的钱走布莱克部门的账，不占用公司的综合行政预算。好在租车公司提供配备司机的服务，让车队的司机们都松了一口气。

司机们平常都不大愿意接布莱克的派车单，他出差的地点几乎都是在东莞、中山、番禺一带的工厂，荒郊野外的，吃饭很不方便。其他部门的人跑外勤吃饭时会请上司机一起，虽说司机也有外勤餐补，但是他们会体谅司机开长途车的辛苦；而且遇到一些大件的样品要带回公司的，司机也都会帮忙一起搬抬，毫无怨言。但布莱克只关心司机是否到时到点把他接送到位，其他的事情才不会多过问一句。

车队司机们用同情和幸灾乐祸兼而有之的眼神，看着跟在布莱克身后的新司机水叔。水叔为了伺候好洋老板，在个人形象方面毫不含糊，每天把制服熨得笔挺，皮鞋擦得锃亮，口袋里揣了一本《英语口语对话900句》，随时练习"Good morning（早上好）!"和"How do you do（你好吗）?"。然而还没到三个月，水叔就过来行政部这边大倒苦水，希望能转成公司车队这边的司机。

原来，水叔工作日早出晚归拉着布莱克在珠三角一带看厂验厂，好不容易等周末了想休息一下，没想到周末比平时还忙。布莱克周六经常要去打高尔夫球，深圳市区内有不少球场，像深圳高尔夫俱乐部、沙河高尔夫球会、明商高尔夫球会等，都离英伦公馆很近。但布莱克偏偏舍近求远，对东莞有着迷之热爱，好像只有在东莞那片天空下的果岭挥杆，才可以算是真正打了高尔夫球。每个周五下午三四点钟的时候，水叔便要到布莱克的办公室，把硕大沉重的高尔夫球包拖到车库去。

周六一大早把布莱克一家连人带狗一起拉到东莞的球会，水叔若想蹭个练习场打一打简直就是痴心妄想，能趁他们打球的时候窝在车里消停地打个盹儿就谢天谢地了。这还不算完，更加丰富多彩

紧邻天安数码城的深圳
高尔夫俱乐部（孙宇昊　摄）

158

长日漫歌／舞动青春的猎猎旌旗

漂洋过海来深圳

大沙河高尔夫球场（黄猛　摄）

的周日活动还在后头呢！早上接上他们要么是到莲花山或者是荔枝公园去散步遛狗，要么是去家乐福或山姆会员店购物，然后送他们去餐馆吃中饭，下午送保姆和狗去宠物店做护理，晚上又送布莱克夫妇去他们的外国老乡那里串门儿参加各种派对。

他们精力充沛得令水叔惊叹！看来吃牛排的人就是不一样啊。水叔别指望能在布莱克那儿蹭上一顿饭，因为在布莱克的概念中，司机怎可以和他坐在同一张餐桌上吃饭呢，司机唯一正确的姿势就是端坐在驾驶位上，时刻准备着听他调遣。

水叔觉得累点也就罢了，布莱克的脾气还奇差。布莱克的行程一般是由他的助理用中文写好了交给水叔的。布莱克要求水叔开车前要先当着他和助理的面把整个行程安排复述一遍，他才放心。布莱克对水叔的驾驶诸多挑剔，红绿灯转换的时候，若水叔启动得慢了一点，布莱克便会从后座伸手过来拍水叔的肩膀。水叔瘦瘦的肩膀被布莱克毛乎乎的带着浓烈古龙水味的大手拍得生疼。每天晚上收工后都得让老婆给肩膀擦点万花油揉上一阵。布莱克是个标准的路怒症患者，而且这边的路况和驾驶风格给布莱克提供了层出不穷的路怒机会。他有时探身上前狂按喇叭，有时摇下窗户对着跟他过不去的车流大吼……

戴丹娜小姐听行政主管跟她转述这些情况时，头脑里突然蹦出一部外国电影名字，荣获1997年奥斯卡金像奖的最佳影片：*The English Patient*（《英国病人》）。

实习生维多利亚小姐

人力资源及行政部的总监邹女士这周连续三天都要在深圳办公。欧洲总部派了一个实习生过来，她要和团队一起把实习生入职的一些手续以及住宿等问题安排好。毕业自伦敦大学时装设计专业的实习生维多利亚小姐又高又漂亮。邹女士让戴丹娜小姐以及人力资源经理邝志豪先生一起带着维多利亚走Office Tour（参观办公区）。

对于刚加入公司的高级员工来说，Office Tour可以说是一个破冰之旅。金发长腿的维多利亚略带腼腆，安静而彬彬有礼地跟着邹女士和戴丹娜小姐他们，把整个办公大楼都走了一遍。戴丹娜小姐拿着办公楼的平面图，向维多利亚介绍各个部门的办公区域、大型办公设施房、展示厅、文件库、样品库、机房、图书馆以及各大会议室等等。

邝志豪经理则拿着集团的组织架构表，逐一敲响每个高中层管理人员的办公室大门，让O、D、M们和维多利亚互相认识。维多利亚实习涉及的部门有布料部、版房、洗水部、社会责任部、质检部、跟单部等，差不多有十个之多。一看这架势就知道欧洲集团总部是要将维多利亚作为技术及管理方面的重点对象来培养。处在远东的中国在世界经济版图中的地位不容小觑，人才的储备要适时跟上。

关于维多利亚的住所问题，此前邹女士和戴丹娜小姐、邝志豪先生都讨论过了。1. 她是单身女子，租像布莱克的英伦公馆那么大的三房两厅，面积过大了；2. 作为初来乍到的外籍女子，从安全角度考虑，住地离办公室越近越好，另外公司也可省却额外的交通安排。但是行政部出去找了一圈下来，发现公司周边一带的高级公寓面积都挺大的。面积小些的公寓位置又离得太远，而且物业管理和安保水平看上去不是很令人满意。后来CEO谢先生在公司附近自有的一套房子刚巧空置出来，于是行政部以低于市场价一半的价格解决了维多利亚的住宿问题。

关于吃饭的问题，维多利亚一般和她实习所在的部门同事一起去外面吃或者点外卖。她可以毫不生硬地使用筷子，因为在伦敦上学的时候，她就去中国餐馆吃过像宫保鸡丁、麻婆豆腐这一类的四川菜了。但来到深圳后吃同样的菜发现味道不太一样，后来同事们把地沟油的段子翻译给她听后，她扮了个鬼脸：哦，多么迷人的地沟油。

有一段时间维多利亚对麻辣火锅爱得不行，她听说火锅底料里面可能放了大烟壳后，又扮了个鬼脸：哦，让我说什么好呢？上帝啊，我爱深圳。她对这边各种风味的饮食充满了好奇，什么都敢尝试，对臭豆腐、榴莲、卤鸡爪这些让外国人退避三舍的东西，维多利亚总是勇敢而兴致勃勃地举起筷子。她说毕业前和同学去北京旅游时曾面不改色地吃下一串炸蝎子。面对其他外国游客的惊讶表情，她大无畏地说了一句：Just try a real China（体验一个真正的中国）！

维多利亚会说一小点儿中文，那是她之前在大学里和中国留学生学的。到了中国之后，才发现香港和深圳这边还有一种语言：粤语。除了粤语，办公室的中国同事来自各个不同的省份，每个省也都有各自的方言，真令人"耳"花缭乱。她要一样一样地学。

维多利亚和同事们相处得很好，工作起来也比较得心应手，唯独有一个地方令她比较烦恼，那就是公司里的女厕。公司的洗手间装饰得非常漂亮，墙壁上挂了很多绿植和装饰画，4个角落安装了电子芳香器，每间隔15分钟便喷射一次清香雾剂。另外还有声音低得恰到好处的背景音乐。但是，她去洗手间时，经常会看到马桶圈盖上有两个黑黑的大脚印；偶尔还会撞到某个马桶被一泻千里之后无人收拾的可怖残局；洗手盆里十分煞风景的痰迹……

其实，在维多利亚之前，也偶有香港同事向戴丹娜小姐投诉过洗手间的问题。戴丹娜小姐已经将洗手间的清洁频率从之前的每半小时一次提高到每十五分钟一次了。人力资源及行政部的总监邹女士特地从香港带了份报纸上来，因为那一期刚巧有一篇专栏，是提醒本港市民要讲究公共卫生，要改善公厕的卫生状况，光是靠清洁阿婶日抹夜抹是不够的，如厕者若没有公德心，还是很难从根本上解决问题。

戴丹娜小姐把报纸复印件作为附件，群发了邮件通告所有的员工，务必文明如厕，确保自己使用过马桶后能让下一个同事正常使用；如果遇到特殊情况，务必通知清洁阿姨即刻进行清理。

维多利亚小姐发挥了她的美术专长，画了20幅漫画贴在马桶上方的墙壁上，题目叫作：Dos and Don'ts（如厕行为准则），Dos（应该做的）下面划了一个大大的绿色对勾，将一个女士该如何正确使用马桶的步骤逐一图解，Don'ts（不应该做的）下面则是一个大大的红色交叉，罗列了各种惨不忍睹的虐待马桶的错误姿势。

一时间办公室里的女性职员们上洗手间的频率显著升高，一度让男同事们怀疑女同胞们是不是发生了集体肾虚。大家在女厕里兴奋地对漫画评头论足，Miss Toilet（出恭小姐）的形象是个方脑壳圆眼睛的卷发小美女。"出恭小姐"的中文译本来自香港同事。香港不单使用繁体字，历史悠久的粤语更是凝聚了中西文化的精粹，将古音古字古文化很好地保留和传承了下来，在行文表达上显得非常古雅。公司里虽说是使用英语作为工作语言，但凡涉及使用中文的一些公函，都是言必称"阁下"的。据说香港的法院在1997年后对法官的称呼也由"法官大人"转为"法官阁下"。

有人说，Miss Toilet活脱脱一个头上挂了海带的海绵宝宝，太可爱了。也有人说Miss Toilet像是脑袋上给扣了碗乌冬面的机器猫哆啦A梦，总之这个卡通形象看起来是不会引起任何有关人种的争议的——她是个亚洲人？非洲人或者是欧洲人？根本无法定论！聪明的维多利亚小姐在落笔的时候巧妙地避开了种族歧视的大坑。看似信手涂鸦，实则冰雪聪明啊。戴丹娜小姐从心底佩服维多利亚的职场觉悟。

轰轰烈烈的厕所运动之后，洗手间的整洁程度大幅提高，到年底进行清洁工的绩效考评时，行政主管说，有关洗手间的投诉是零纪录。戴丹娜小姐觉得"Miss Toilet"是她在职业生涯里遇到的最有意思、最难以忘怀的一个title（头衔，称谓）。

午餐会的华丽变身

之前的午餐会结束后，人力资源和行政总监邹女士给戴丹娜小姐传达了一个信息，说COO斯宾瑟先生看到午餐会后有三分之一的食物没吃完，感觉很浪费，非常不悦。他在香港办公室找邹女士谈话，想让她了解一下情况，到底是准备的食物不受欢迎，还是中国员工浪费食物的陋习难改。

斯宾瑟先生出席过一些当地的餐饮招待活动，目睹过一些让他匪夷所思的情况，餐桌上通常会上分量过多的菜，据说这代表着主人（主办方）的热情好客。用餐结束时，很多菜都没吃完，被当作厨余垃圾清理掉了。中国人很热衷美食，不惜花费大量精力追求色香味的极致，但是一些人在享用它们的时候，似乎没有给予相应的尊重，用餐时高声喧哗，气吞山河地喝汤，无视公筷的存在，唾沫横飞地轮番敬酒，令人不胜其扰地说着雷同的套话。遭遇了筷子们的左右扒拉几番凌辱之后，原本精致美丽的菜品便面目全非地剩在碟子里了。

其实斯宾瑟先生说的午餐会食物剩余过多的这个情况，戴丹娜小姐也观察到了。关于会上没吃完的食物，行政部会让清洁阿姨将它们分类处理，包装完好的小食品、未开封的瓶装水会重收回储物柜，水果则原碟挪到茶水间，供过来打水的同事们随意取用，三明治则放在冰箱里当作下午茶的点心，晚上加班的同事也可以拿来充饥。所有的食物都被妥善处理，基本上是不会造成浪费的。但是她知道这样解释给管理层听是无效的，她需要马上拿出行动方案来改变这种状况。

根据她的观察和了解，参加午餐会的新员工大部分是内地来的同事，以她自己切身的饮食感受，三明治这种东西作为早餐吃吃还可以，用作午餐的话就勉为其难了。当初拟定午餐会的餐单时应该是主要考虑了外籍管理层的几个"O"们的喜好，从来也没有人提过意见，也就一直因袭了下来。来来去去都是那几样东西，味道再好也会审美疲劳的。虽说斯宾瑟先生对食物的忠诚度很高，那可能也仅限于他情有独钟的酥松的可颂吧。

戴丹娜小姐和手下的几个行政主管把深圳的美食地图仔细研究了一遍，然后大家分头行动，连续利用几个周末到大街上做美食搜查官，最后再回公司统一汇总，一起筛选出适合在办公室这种环境吃的，中西方口味都能兼顾到的食物。食物的味道不能太刺激太浓烈，不能让人闻了之后以为是到了食街排档。君子远庖厨，白领们也一样。而且，需大动干戈啃骨头吐刺的食物要排除，汤水淋漓的食物要排除，口感对温度的依赖程度过高的食物要排除，出锅之后放置一会儿风味马上叛变的食物要排除……

原先的午餐会食物是放在托盘内搁在会议桌中心的，要拿取的话必须起身并伸长手臂，目标太大，新员工们可能会感觉不太好意思。所以又一个午餐会来临的时候，在戴丹娜小姐的建议下，地点由大会议室挪到了中号的培训室。培训室的长条桌环绕墙壁摆放，并铺上了墨绿色的酒店专用台布，与灰绿色的地毯相呼应，颜色非常协调雅致，富有商务气息。几位清洁阿姨、司机、行政主管、文员和助理们全部出动，采购，取餐，清洗，削切，摆盘，忙得热火朝天。

饮品除了热的咖啡和红茶，新增了瓶装的都乐果汁、汇源果汁、椰子汁以及其他本土品牌的饮料。沙拉是最抢风头的，原材料是一早从山姆会员店选购回来的紫甘蓝、莴苣、青红果椒、圣女果、牛油果等新鲜果蔬。色彩艳丽鲜嫩多汁的蔬菜果粒和沙拉酱在晶莹剔透的大玻璃碗内耳鬓厮磨。汁水四溢的哈密瓜、香水菠萝、提子、草莓等在白色的果盘中搔首弄姿，让人愉快地联想到纤维素、维生素、有机、活力、能量等一大堆和健康有关的名词。丰富的食物让几个"O"们的眼睛瞪得O圆，棒约翰的匹萨，星巴克的吞拿鱼三明治，澳门猪仔包，面点王的生煎包、煎饺、锅贴、春卷、星级酒店的海鲜炒饭、芝士意粉、虾饺、蟹粉汤包、榴莲布丁……

大家兴奋地拿了餐盘取上自己心仪的食物，然后坐下来开会，两个CEO在会上首先发言把这次的饮食安排大大地夸赞了一番，还详细询问他们之前从没吃过的锅贴、汤包等食物的馅料和中英文名字，COO斯宾瑟先生红光满面地嚼着虾饺，对行政部如此高效的执行力表示赞赏，他表情微妙地询问，准备这么丰盛的一个Buffet（自助餐）应该价格不菲吧？

CFO安迪先生快速地和邹女士、戴丹娜小姐对视了一下，交换

红酒会（图片提供 深圳外商投资企业协会）

了几个会心的眼神，然后很骄傲地说，今天的午餐会呢，行政部经理戴丹娜小姐将费用控制得非常完美，一点儿都没有超过原先的预算。不单是更新了餐单，用心地搜罗了这么多中西合璧的美食，还添置了很多新餐具，看看这些美丽的餐盘吧，还有这个电子不锈钢恒温炉，让点心王的点心保持了最好的温度和口感。

　　CFO安迪先生喜欢把"面点王"叫成"点心王"，在之前他和邹女士3人开会确定餐单的时候，他就这么叫，戴丹娜小姐纠正了好几次，他还是改不过来。或许在香港人的头脑里，点心这个词是有着不可撼动的地位的，这个词的重要程度甚至上升到在牛津英文大辞典里，以粤语发音的形式形成了一个单词：dimsum，成为香港作为世界美食之都的最好代言。

　　斯宾瑟先生对CFO的回答非常满意，他环顾了一下桌面上被吃得光光的空盘子，缓缓说道：我听说在中国吃自助餐时，要说一句很有名的slogan（口号）：Hold the wall in，hold the wall out（扶着墙进去，扶着墙出来）。这具体是一种什么样的操作？这是一种新流行的用餐礼仪吗？外籍员工们面面相觑，然后疑惑地把目光朝向戴丹娜小姐。经过今天的午餐会，她已然成为大家心目中的美食达人了，和美食相关的问题自当由美食达人来解答。

戴丹娜小姐一下子秒懂了斯宾瑟先生说的正是那句在美食江湖中吃自助餐的最高境界：扶着墙进去，扶着墙出来。斯宾瑟先生不知是在什么场合听到此般说法的，严谨刻板的他看来把这个笑谈当真了。戴丹娜小姐于是回答道：看来斯宾瑟先生快成中国通了，连这么著名的吃自助餐的中国段子都知道。然后她扶着墙夸张地表演了一番超级吃货的馋相，赢得了全场的掌声。

下午，戴丹娜小姐和邹女士去查看展览室，因为现在每个部门都扩张得很迅速，要把一些地方改变功能，装修成办公区域。她们经过茶水间的时候，发现布莱克先生正打开冰箱门查找着什么，于是便过去跟他打招呼，询问是否需要提供什么帮助。布莱克先生似乎有些不好意思，说想看看冰箱里还有没有点心，他听周围一些同事说，今天的午餐会有很多的中国美食，特别是有一种底下煎得脆黄脆黄的，里面有一个肉丸子的生煎包子，非常美味，他也想尝一尝。

戴丹娜小姐和邹女士听了相视一笑。邹女士遗憾地告诉布莱克先生，午餐会的东西全被吃完了，一点儿没剩。

布莱克先生略带失望地咂了一下嘴巴，十分严肃地说，那我下次要参加这个午餐会，可不要把我的位子漏掉了，一定要预留好哦。

海归邝先生

进入2008年不久，确切地说，是从1月10日开始，大半个中国在20多天内，发生了数次大范围的低温、雨雪以及冰冻过程，席卷了包括湖南、贵州、安徽以及湖北在内的多个省份。冰雪灾害来临时正值春运高峰，这无疑加剧了交通运输压力，真是名副其实的雪上加霜！全国有近20个机场因冰雪天气陆续关闭，大批乘客滞留；京广铁路湖南境内的电线塔因覆冰太厚，不堪重负而倒塌，导致供电系统瘫痪，多处出现断电，致使京广线旅客列车大面积晚点，部分列车停运，滞留旅客数十万人，仅广州火车站滞留旅客已经超过15万人。华南地区公路运输近乎瘫痪，各灾区主要高速公路全部封闭，部分国道、省道严重拥堵。数万车辆滞留。

新年开工后，从各受灾地区回深的员工提起他们在返乡途中的各种遭遇和见闻，大有劫后余生的感慨。他们说有些城市即使路上没有结冰，但很多车被困在雪地里，车上的乘客不得不走下车，在冰天雪地里像个纤夫那样拉车。有很多人都是中途弃离被困的汽车，徒步在冰天雪地里走几个小时的山路回家。湖南籍的同事说他们那里受灾是最严重的，停电整整十天十夜，晚上只能点蜡烛。当地的蜡烛被抢购一空，平时只需几毛钱一支的蜡烛价格翻了几倍甚至十倍。恐慌的情形和前几年非典的时候抢醋、抢板蓝根差不多。

好在这起恐怖的重大典型的"极端性气候事件"之后，公司所有的员工都全须全尾地返回公司上班了，人力资源经理邝志豪先生悬了一个春节的心终于是落了下来。他带着人力资源主管逐个部门看了一圈，和同事们拜年。每个格子间里端坐在电脑前的黑压压的脑袋让他感到踏实和欣慰。春节后，是员工离职的高峰期。像摩尔登公司这种白领和蓝领的人数几乎对等的公司，除了要面临白领群的跳槽潮，还要应对蓝领群的用工荒。大部分的蓝领来自农村，比如家里新挖了个鱼塘，新养了头猪，过年刚谈了个对象……这些事情都可能成为他们节后不再返回深圳工作岗位的因由。所以，摩尔登公司借鉴了行业内一些兄弟公司的经验，将年终奖金放到春节开工之后再发放，以此来降低节后的离职率。

邝志豪经理回到办公室后，群发了一个致所有员工的开工拜年邮件，然后各个部门经理陆续来到人力资源部，按照部门人数领取公司的开工利是。按照惯例，开工利是每人二十块港币。钱不多，讲究的是意头：利利是是，开工大吉。部门经理发放公司的开工利是的同时，自己也要对手下的员工表示一下意思的。很多人领完自己部门的这一份后，便开始各个部门互相串，在 M 们、D 们的办公室门前排队，一抱拳，一声"恭喜发财"，利是便"逗"来了。像戴丹娜小姐、邝志豪先生这些 M 们，隔几天后，会收到他们的上司邹女士从香港带过来的 O 们的"私包"，港币五十元到两百元金额不等。

一般是在元宵节前，CFO安迪先生会同总监邹女士、财务经理李先生一道，与深圳的人力资源部、行政部、财务部、船务部、IT部等安迪先生下辖的几个部门吃非常丰盛的开年饭。深圳的粤菜食府节庆期间的菜单都换成了好彩头的菜名，像诸事大吉、鸿运当头、发财就手、盆满钵满等等，非常应景。点菜的时候大家竞相猜测每个名字对应的到底是什么菜品，互相询问过年期间逗了多少红包，在哪里过的春节，气氛非常喜庆热闹。

　　邝志豪先生由衷地喜欢公司的这种工作氛围。他是从澳大利亚回来的海归，在1980年代初跟着家人移民到了澳大利亚，他的原籍广东五邑，是一个著名的侨乡。他的海外同乡从事的多是开餐馆、开干洗店、开移民中介公司、开家政公司等服务行业，要拼尽几代人的努力才能融入当地社会，跻身所谓的中产阶级。他不想再步这种后尘。读完大学后发现，很多澳大利亚、新西兰的年轻人都跑到中国去寻找发展机会。他想，与其在南半球度过一种夹生饭似的人生，还不如回亚洲来发展。

　　究竟要选择哪里作为落脚点？新加坡长年都比较热，邝志豪先生不大喜欢那样的气候，很小的时候在广东就经常被大人掰开嘴巴，看爆发的口疮，"仔啊仔，你热气啊"。然后咕咚咕咚被灌下各种苦苦的凉茶。香港那边的薪酬水平相对高很多，但是香港的物价很高，住房逼仄到令人怀疑人生。还是深圳最啱心水（合心意）。虽然邝志豪先生已加入了澳大利亚籍，作为同是外籍员工的他，在待遇水平上和其他欧美籍的员工还是有一些差距的。因为他是在深圳这边招募入职的，欠缺海外工作经验。在国际猎头公司的评估表格里，应征者的教育背景、知名跨国公司的经历、国际认可的专业资格、语言技能等等都代表着跟潜在雇主议价的筹码。英雄必问出处。

个人待遇方面虽然有点小小的遗憾，可邝志豪先生觉得这都是暂时的，他目前在读国外大学的MBA课程，如果有必要，他也可以迂回一下重到国外再浸一趟咸水，以提高职场身价。但无论如何，他十分满意当下的这种工作状态，他很喜欢来自中国五湖四海的各个地方的内地同事，因为每一个人都是他的团队从海量的应征者中海选出来的。

邝志豪先生也很敬重公司的香港同僚们，他们的敬业精神为职

外资企业家中秋联谊会（图片提供　深圳外商投资企业协会）

中秋联谊会（图片提供
深圳外商投资企业协会）

场树立了标杆。而且，同为讲粤语的人，香港人在对岭南传统文化的传承方面更执着一些。这让他觉得很温暖、很感动。每逢年节，他们都热烈地称之为"做节"，端午节就欢天喜地地吃粽子，甜的、咸的、碱水的，叉烧、香菇、虾仁、肥猪肉、绿豆……几乎能吃的都可以包入长长的粽叶里，放进唇齿间咀嚼一番。来自广东肇庆的同事带回来的裹蒸粽简直是"艳压群芳"，这种用当地特有的冬叶、水草包裹，呈埃及金字塔形，每只大概半斤重的超级大粽子，是放在大瓦缸里用猛柴火煲了七八个小时而成的，味道清香扑鼻，入口无比绵软爽滑甘香……很多香港同事非常好这一口，端午节前便让肇庆籍同事帮忙预订了礼盒，送客户、送亲朋好友。中秋节未到，他们就开始互赠月饼，老字号荣华铁盒月饼、双黄莲蓉、七星伴月，还有大班冰皮月饼不上火……总之，"做节"期间，香港同事会将公司茶水间的零食台摆满传统食品。

邝志豪先生很喜欢听香港同事问他"边度乡下（家乡在哪里）?"，他的带有五邑口音的粤语令香港人感到了乡音的亲切。因为在香港，平均每五个香港人里就有一个祖籍五邑。据香港特区政府档案记录，1940年代至1950年代，香港有80%的人口原籍五邑地区。在1950年前，"台山话"在香港市区就是主流口音。时至今日，五邑籍在香港所占的人口比例仍高达20%左右。

平安夜大派对

当然，在兼容并包的香港，除了要"做"春节、清明、端午、中秋、重阳等传统节日，某些舶来的节日比如说圣诞节，在香港人的心目中也占有十分重要的地位。据新加坡《联合早报》等亚洲媒体的报道，港人在圣诞期间的花费，包括购买应节食品及添置新衣等等费用，在亚洲名列第一。

圣诞期间，摩尔登公司的前台会摆上一棵几乎高及天花板的圣诞树，墨绿色的塔状树身下，环绕了一圈圣诞红，圣诞红的颜色红得很端正很厚重，在外围的白色栅栏的衬托下，绿色和红色相得益彰，各得其所。看来民间俗语"红配绿，赛狗屁"这种说法不适用于花木。

有一些香港同事会选择圣诞这个时候"攞大假"，意即将年假和圣诞假连在一起休，凑够十天半个月的，好到国外尽兴长途旅游。一般来说，在外企服务满一年后都有十五天左右的年假，这种在法定公共假期之外的福利，很让戴丹娜小姐一些私企国企的同学们羡慕。她在外企要早于他们很多年便已享有了诸如住房公积金以及年假等各种福利。

漂洋过海来深圳
长日漫歌·舞动青春的猎猎旌旗

回想起2007年的圣诞节，维多利亚小姐对许多细节都记忆犹新，因为这是她第一次远离家乡，在一个非英语国家过的圣诞节，而且地点也不是在教堂里，而是在深圳的办公室里。

邝志豪先生在深圳的一些城区里，偶尔会瞥见一些十字架的影子，他出于好奇进去参观过，教堂里面的格局和国外的几乎没什么两样，但外观上显得非常簇新，比如梅林和香蜜湖一带的大教堂就是这样。天主堂会为在深圳居住、旅游、工作、学习的国外教友提供英语弥撒，并会在特殊的节日中加设法语、意大利语、德语等语种读经；而基督教堂主日有英语崇拜，周间也有英语团契。考虑到常驻深圳的外籍员工可能会有此方面的咨询需求，邝志豪先生平时便对这些资讯特别留意了一下。

圣诞节平安夜的大派对是运营部的几个D和M们发起组织的，不占用公款，费用由他们几个头儿平摊，任何同事只要备好一份用以交换的礼物即可参加。他们首先征得人力资源和行政部的同意后，在12月24日的下午便用彩带和气球开始布置，几个培训室里的长条桌都被搬了出来，首尾相接从大走廊一直蜿蜒到各大培训室和会议室，长条桌上面放了各种形状的托盘，里面高高地码上圣诞曲奇、蛋糕、姜饼、火腿、薯片、水果、红酒、啤酒、饮料等吃食。

在欢快的圣诞音乐声中，大家穿梭在美食长廊里，尽情享用，边吃边舞。大会议室里还设有游戏场——抢椅子，含水说话，胸传气球，报纸站人……每个游戏几乎都要亲密的肢体接触，男女搭配，才叫够味。欢笑声一次次地把气氛推到了高潮。

维多利亚小姐在大家的欢呼声和掌声的热烈邀约下，唱了一首又一首的圣诞歌曲：*White Christmas*（《白色圣诞节》）、*Winter Wonderland*（《冬天的仙境》）、*Christmas In My Heart*（《我心中的圣诞节》）……她那高高的圆圆的额头上沁出了微汗，眼睛里放射出智慧的沉静的光芒，加上她那理性而坚毅的嘴角，使得她整个人看上去活脱脱像当时大热的美剧《越狱》里的女主角Sara（萨拉）。

在自由漫舞环节，戴丹娜小姐看到可颂哥斯宾瑟先生走近维多利亚小姐，他们轻声谈笑着，轮流对着瓶口喝同一瓶红酒，简直就像在间接亲吻。他们眼睛里满溢的光芒，让戴丹娜小姐的心头突然涌上一阵甜蜜的感伤，她情不自禁地将自己代入了她一厢情愿为维多利亚小姐假设的乡愁里。她将头扭过一边去的时候，发现CFO安迪先生和邝志豪先生站在不远处正望着她微笑。

在礼物交换环节，果然不出戴丹娜小姐所料，斯宾瑟先生的礼盒到了维多利亚小姐的手里。戴丹娜小姐的脑海里浮现出《越狱》中男主角Michael（迈克尔）对女主角Sara（萨拉）那句深情而含蓄的表白：You and me…It's real…（我和你……是真的……）。她突然很促狭地冒出一个拉郎配的念头，希望斯宾瑟先生能和维多利亚小姐发生点什么罗曼蒂克的事情，才不辜负这种肾上腺素和多巴胺竞相狂飙的氛围。

"麻烦制造双煞"

在戴丹娜小姐不禁为自己种种唯恐天下不乱的想法掩嘴偷笑的时候，邹女士和布莱克太太一起朝她走了过来。皮肤微黑体格健硕的布莱克太太挽着纤瘦的邹女士，看上去非但不让人觉得亲热，反而更像是挟持。

戴丹娜小姐和她们二人碰杯，互道圣诞快乐，互相赞美了一番裙子和妆容。在一阵短暂的沉默后，戴丹娜小姐正欲找个借口赶紧离开布莱克太太——这个摩尔登公司著名的"麻烦制造双煞"之雌煞。没想到布莱克太太又先声夺人，用她口音浓重的菲律宾英语说，她刚刚和邹女士交流过了，鉴于她所在的部门离几个茶水间都太过遥远，行政部能不能在她们部门那里新增加一个过滤泵，好方便她们节约无谓的打水时间，提高工作效率。

深圳办公室的设计和装修都是由香港的承建商完成的，包括这个昂贵的美国产的直饮过滤水系统。过滤芯要通过香港办公室找美国供应商在香港的销售部购买。整个系统的维护成本也不低。要新增一个过滤泵，工程是很浩大的，重新布管跑线不说，还很影响办公室的正常办公。而且有关各个部门办公区域的划分，都是根据每个部门的性质功能，以及工作流程的需要来设计的。取水口按照平均多少平方米一个的间距分布，非常科学合理。当然，对布莱克夫妇这种人来说，恐怕只有方便了他们自己的才能称得上科学合理。

邹女士听戴丹娜小姐解释完，对布莱克太太一摊手，说情形就是这样，正如我刚刚同你说的，非常抱歉。布莱克太太仍不死心，她眼睛咕噜一转，提出了另外一个显然是退而次之的要求，就是让行政部给她们添置一个新的烧水壶，让清洁阿姨每天从茶水间打好纯净水来烧好，以方便他们泡茶或者是冲咖啡。戴丹娜小姐探询地看了一眼邹女士。邹女士皱了皱眉，不易觉察地轻叹了口气，对布莱克太太说，那你填一张请购单过来给戴丹娜小姐吧，金额要控制好，不要超过五百元人民币。

布莱克太太夸张地眯起眼睛笑着，亲热地拍了拍邹女士的肩，随手又起一块蛋糕放到她那小人得志之后高高噘起的厚嘴唇里。戴丹娜小姐心里闪过一丝失望，邹女士完全可以拒绝布莱克太太的要求。在很多事情上，她根本没有显示出与她职位相当的威力与强硬。邹女士等布莱克太太走开了，才对戴丹娜小姐苦笑了一下，深深的法令纹让她显得愈发憔悴，两颊的腮红根本遮盖不住她一脸的疲惫。

邹女士纤弱的外观与温和的小细嗓决定了她根本不可能是一个强势的人。戴丹娜小姐听邹女士无意中说起过，她家里的女佣也是菲律宾人，她每次到深圳办公室出差的话，晚上返回香港的家差不多都要11点了，菲佣早早地便睡下了，饭菜要饥肠辘辘的邹女士自己热来吃。有一次菲佣还反锁了大门，邹女士在门口又打电话又拍门耗了一个小时，菲佣才阴着脸起来开了门。邹女士的工作太忙碌了，她无暇去再挑选再磨合一个新菲佣。一而再再而三的忍让便助长了菲佣的怠慢与嚣张。

在平时和公司里的香港同事接触的过程中，戴丹娜小姐了解到，现在香港的高级白领，或者说中产阶级家庭一般都会雇菲佣。从19世纪70年代开始，香港就成为菲佣的主要输入地之一，至2001年高峰时期，香港菲佣数目甚至多达十几万。她们普遍受过高等教育，部分菲佣还持有护士、医师或教师等专业技术执照。菲佣上岗前必须接受技能培训和多语种语言文化培训，是世界家政行业中的佼佼者。菲佣等海外劳工在菲律宾社会备受尊重，在她们国家各大主要国际机场及出入境海关等都有专用通道。每年圣诞节，政府在机场铺红地毯迎接菲佣归国探亲，部分代表甚至像英雄般被总统接见。

戴丹娜小姐了解到这些才恍然大悟，理解了邹女士家菲佣的态度为何如此傲慢。

在戴丹娜小姐看过的张爱玲的作品或者亦舒等香港作家的文章里，早年香港半山豪宅的人家里的住家女佣是多么纯朴温良啊，那些顺德籍的自梳女，终身不嫁，个个身怀绝技，做得一手国宴级的好餸菜，煲得一瓦罉神话般的靓汤。

难忘的2008

    2008年的北京奥运会应当是全世界瞩目的一大盛事。从1993年开始申奥，到奥运的圣火真正照亮北京上空，这中间跨越了漫长的15年。2001年7月13日，国际奥委会主席萨马兰奇在莫斯科宣布，北京成为2008年奥运会主办城市，这一消息令整个华夏大地都为之沸腾了。据说当晚国旗就被抢购一空了，北京可口可乐公司连夜生产出72万听奥运金可乐，麦当劳免费赠送出66000个汉堡包，寻呼台发出祝贺信息100多万条……

    2001年的时候，邝志豪先生还在澳大利亚，他回想起当时好多家英文报纸像《每日电讯》《悉尼先驱晨报》《澳大利亚周报》等都在头版以一个整版的篇幅、特大号通栏标题，报道了中国成功赢得奥运会主办权的喜讯及巨幅照片。澳大利亚各地的电视台以多种语言进行了详细报道。澳大利亚作为成功举办过两届奥运会的国家，为五环旗将在2008年飘扬在中国的北京感到高兴。许多华人社区响起了鞭炮声，华人社团、留学生组织等纷纷举办各种类型的狂欢集会、庆祝晚宴，许多人在喜悦中度过了不眠之夜。

    戴丹娜小姐清晰地记得，2001年7月13日当晚，成千上万的民众兴奋地涌上深南大道，聚集在广场上和酒吧里，脸上涂着彩妆，挥舞着小国旗，一遍又一遍地高声合唱《我的祖国》，热泪盈眶。莲花北村等各大社区的居民们，有的自发地聚集在一起，举着庆祝横幅，挥舞着国旗，敲着锣鼓高声欢呼：我们赢了！我们赢了！有的居民跑到住宅的楼顶上燃起五彩斑斓的烟花和鞭炮，整个城市被巨大的欢乐笼罩着。

接下来的几年便是奥运会前期紧张的筹建和准备阶段。2008年3月底，南方那场灾难性的冰雪消融之后，北京奥运圣火开启了传递之旅。圣火成功地从希腊的赫拉神庙遗址出发，奔向中国的首都。接着奥运会火炬接力开始了。4月2日，北京奥运会火炬接力第一站传递活动在哈萨克斯坦阿拉木图举行。5月4日，奥运圣火从我国三亚启程，开始境内传递。5月8日，北京奥运圣火顺利登上世界最高峰珠穆朗玛峰……

邝志豪先生和摩尔登公司的同事们一样，密切地关注着奥运会的进展，热烈地谈论着和奥运会有关的新闻和话题，无比期待地迎接着这场举世瞩目的体育盛事的到来。然而，令人意想不到的事情发生了，2008年5月12日，在四川汶川的一场大地震震动了所有华人的心。

地震的波及面积很大，办公室里的东南亚籍职员从亲属那里了解到，几乎整个东南亚和东亚地区都有震感。这场中华人民共和国成立以来破坏力最大、唐山大地震后伤亡程度最严重的大地震造成了高达8000多亿人民币的直接经济损失。

为表达对汶川大地震遇难同胞的深切哀悼，国务院决定，2008

深圳外商投资企业协会
会员大会及外企表彰会（图
片提供 深圳外商投资企业
协会）

年5月19日至21日为全国哀悼日。在此期间，全国和各驻外机构下半旗志哀，停止公共娱乐活动，外交部和我国驻外使领馆设立吊唁簿。届时汽车、火车、舰船鸣笛，防空警报鸣响。

邝志豪先生提前在公司范围内群发了邮件通知，抄送给亚太区所有的分部，告知了摩尔登深圳办公室将在5月19日14时28分起，和全中国人民一起静立默哀3分钟。邝志豪先生那天下午坐在办公室的前台，通过公司的中央传呼系统，用普通话、粤语和英语主持了默哀仪式。

在 5 月 19 日至 21 日全国哀悼日期间，北京奥运会圣火暂停传递。2008 年 5 月 19 日，北京天安门广场在正常的升旗仪式后降半旗，以表达全国各族人民对四川汶川大地震遇难者的深切哀悼。5 月 19 日零时至 22 日零时，全国省级卫视、电视台的台标一律都变成灰色。

邝志豪先生让人力资源主管查阅员工档案，并发通告询问，看看有没有家乡在地震灾区的员工，需要提供特别的援助。人力资源部紧锣密鼓地着手发动全体员工以部门为单位进行捐款。员工们纷纷解囊，五十、一百、两百……CEO 谢先生也通过电子邮件告诉所有员工，等捐款截止日人力资源部统计出总额后，他个人将捐助等额的款项。

新闻里不断公布社会各界踊跃捐款捐物的情况，那些捐出了巨额善款的众多知名企业和企业家名单中，不乏来自深圳、广东的其他城市以及香港的。在此后的几个月内，民众的视线都跟随着各路媒体，了解灾区的救灾工作进展。各种感人的救灾故事和人物，各种赈灾晚会、救灾纪录片、灾后重建行动等等都成了大家的关注焦点。

火炬传递

在擦干了脸上的眼泪和尘土之后，奥运的火炬被再次举起。

2008年5月8日，北京奥运火炬传递至广东深圳站。由于火炬登顶珠峰，深圳站的传递从原定的上午8时延迟到中午12时。摩尔登公司的办公大楼刚好紧邻深南大道，许多员工早早挤在大厦朝向深南大道、视野最好的窗户跟前，只见大路两侧彩旗飘扬，在道路中心绿化隔离带上，巨大的奥运宣传彩球在渲染着圣火即将到来的热烈气氛。深圳当天的气温高达30多摄氏度，热情的市民站在街道的两旁为圣火助威，冒着酷热等待火炬手经过。奥运圣火转入深南大道时，上千人跟随火炬奔跑，旁观市民们爆发出的一阵阵震耳欲聋的呐喊声、欢呼声和鼓掌声响彻了深圳上空。

大家被热烈的气氛搅得心潮澎湃，回到座位上，意犹未尽地继续谈论着：火炬一路向西，会途经世界之窗等著名景点，抵达高新科技园区、深圳大学、滨海大道、邓小平画像广场……抵达终点——笋岗路深圳市体育馆，然后点燃圣火盆。火炬手一共有208名，其中有副市长、大学校长、体育明星、企业家、外籍人士等等，来自社会各阶层。摩尔登公司的CEO要是也能成为火炬手就好了，那

2008北京奥运会火炬传递
经过红岭路邓小平画像后，抵达
笋岗路深圳市体育馆，点燃圣火
盆（孙宇昊 摄）

还不得全公司都放假，一起穿上红T恤去大马路上助威！网上说深圳警方共出动2.3万警力护卫"圣火"，到场观看的市民估计达300余万。300余万，天呐，这么多人，他们都不用上班吗？真让人羡慕。

摩尔登公司的人都很默契地18时一到便排队打卡下班，赶着回去看电视上的火炬接力盛况。戴丹娜小姐晚上和几个中学同学约好了到四川大厦吃川菜。本来约的是9号星期五，但刚巧8号那天传递圣火，百年不遇的大事，应该庆祝，索性将聚会提前了一天。

戴丹娜小姐和同学们对四川大厦很有感情，因为它就在母校深圳外国语学校的旁边。他们在校园里随便一抬头就能望见四川大厦方正的身姿；上学时从它的大堂门口穿过，望着电梯口柔和的灯光，想象着那些闪烁的楼层数字可能通向的神秘的空间，张大鼻孔寻找着和"四川"这两个字相匹配的辣与麻。有一年寒假，几个同学领到压岁钱后特地相约着跑到四川大厦，那是他们第一次正儿八经地吃餐馆里的川菜，而且一再对点菜服务员郑重且豪迈地声明要最麻最辣的。等菜上来后一入口才知道，他们平时吃的街口小档的麻辣烫、酸辣粉之流简直就是挠痒痒。等寒假过后返回学校时，有很长一段时间他们一望见四川大厦楼顶上的那几个字，都条件反射地紧张。

戴丹娜小姐下车后，看到在笋岗路沿上步路直到深南大道一带，仍挤满了密密麻麻的人群，人们依然在有秩序地呐喊着"火炬

深圳外国语学校（孙宇昊　摄）

深圳大学（孙宇昊　摄）

外墙重新装饰过的四川大厦变
了一个模样（孙宇昊　摄）

长日飞歌／舞动青春的猎猎旌旗

加油！中国加油！"。都19时30分了，奥运火炬深圳站传递已经结束一个小时，这些市民的热情仍如同深圳立夏之后的气温一样，居高不下。

在热切的期盼中，奥运会于2008年8月8日晚上8时，在北京如期准点开幕了。

开幕典礼由张艺谋担任总导演。表演开场由2008名表演者口中吟诵着论语里的经典句子，打着会发光的缶，缶每被打一次就会发一次光，构成汉字数字及阿拉伯数字，倒数开幕秒数。随后由永定门至主会场，沿北京城中轴线连续施放29个脚印造型的烟火，象征"第29届奥运会一步一步走进北京"。这场开幕式惊艳了全世界。

开幕式之后的趣谈

开幕式的文艺表演《美丽的奥林匹克》分为上下两篇，上篇展示中国四大发明、文字等中华历史，下篇展示中国自改革开放后的繁荣景象。接着，中国歌手刘欢和英国著名歌手莎拉·布莱曼演唱奥运会主题曲《我和你》（*You and Me*）。之后，各国选手按简体中文名称的笔画顺序进场。按惯例，首先进场的是希腊，第二个进场的是几内亚，接着其他国家选手陆续进场，最后进场的是东道主中国，由篮球运动员姚明担任持旗手。

北京2008年奥运会主火炬点燃仪式，是由"体操王子"李宁以钢线吊到高空，"空中漫步"绕场一周后，点燃"祥云"造型的主火炬，象征为期16日的北京奥运会正式开始。

相比较后续的比赛，开幕式留给大家的印象更为深刻，更为大家所津津乐道。外籍同事们非常好奇，向内地同事、香港同事提了许多问题——开场仪式上击缶的演员口中念的是什么诗？这几年欧洲的大学里开了好几所孔子学院，去孔子学院学习中文的话，学费会不会很贵？孔子的英文名字到底是叫 Confucius，还是 Johnny

外企篮球联谊赛（图片提
供 深圳外商投资企业协会）

Kong？这两个名字是分别和孔夫子与孔仲尼相对应的，是吗？但
Confucius是不是听起来更古典更学术些？听说这是意大利的利玛窦
神父翻译的拉丁化的名字。利玛窦神父是在明朝万历年间来到中国

的吧？他最先抵达的地方是澳门和广东的肇庆是吗？那么利玛窦先生一定会讲粤语咯？

香港的同事则忙着跟内地的同事打听，深圳书城有没有繁体版的《论语》买？一时间，摩尔登公司的人都将"有朋自远方来，不亦乐乎"这句古话的英语、普通话和粤语读音练得溜溜的。维多利亚小姐还一笔一画地学习写这句古语的中文，当她了解到"子曰"的"曰"字是代表"说"的意思，而且这个字拉长一点之后，竟然就变成了"太阳"的意思时，简直惊讶得难以形容。天呐，居然因为胖瘦之分，读音含义便有了天壤之别！汉字真是太神奇了！

布莱克先生对北京奥运会开幕式的某个方面非常赞赏，那就是主题曲《我和你》，原因很简单，因为主题曲是由刘欢和莎拉·布莱曼合唱的，莎拉·布莱曼这位外表和声音一样迷人的月光女神是布莱克的英国老乡。用布莱克先生的话说，莎拉·布莱曼以她举世无双的声音抵御住了岁月对容貌的侵蚀，她的样子看上去和她在1992年巴塞罗那奥运会上演唱闭幕主题曲《永远的朋友》时毫无二致。

奥运会比赛期间，整个深圳也掀起了一阵体育运动的热潮，摩尔登公司所在的CBD区的主管部门，组织了各种体育比赛，像乒乓球、网球、羽毛球、篮球、足球等，花样繁多，有的比赛除了决出冠亚季军外，还评选出MVP——最具价值球员。香港总公司那边和汇丰银行等供应商及服务机构进行联谊赛的时候，深圳公司的队员们也赶过去支援，深港联动非常活跃。一时间，摩尔登公司的团队建设活动可谓开展得如火如荼，多姿多彩。

总而言之，2008，是一个十分特别的年份，它要么以一些非常极端的方式让人刻骨铭心，又或者以无比震撼的方式令人莫名激动。毫无疑问，这些大事件——南方特大雪灾、汶川大地震、北京奥运会……都将被载入史册。

坏消息

人力资源部经理邝志豪先生发起的捐款活动中，比较大型的除了汶川大地震捐款外，还有一次比较大规模的就是为行政部的一位清洁阿姨捐款。清洁阿姨小蓉在公司洗手间颜色洁白的马桶里突然发现了异常情况：黑便。她平素吃得很辣，最近一段时间肚子一直隐隐作痛，她以为是普通的胃肠不适，本来想熬到下一年的年初，公司统一体检时看看到底是怎么回事，但身体开始出现明显的不舒服后，她赶紧去医院做了检查，结果被确诊为胃癌。

小蓉和她老公来自贵州农村，夫妻二人都在深圳做清洁工，小孩子在老家由老人照看。小蓉的老公虽然是一家清洁公司的主管，但是他的工资没有小蓉高，摩尔登公司给清洁工开的工资比人力市场的平均水平大约高了50%。在深圳很多类似保洁、保安等工作，雇主都是掐着深圳最低工资这条线设定薪酬的，而且周六也要正常上班，不算加班。小蓉进入摩尔登公司做清洁工之前，是做保姆的，在二零零几年的深圳，保姆的平均工资还在1000元上下徘徊，除了能解决吃住，工资还没有清洁工高。她有个老乡是摩尔登公司的保安，一听说行政部要招清洁工，便把她介绍了进来。

戴丹娜小姐听说了小蓉的情况后，便去找人力资源经理邝志豪先生商量，一个是小蓉的就医费用，一个是要招录替补清洁工。一周之内，他们的直接上司邹女士以及大上司CFO安迪先生聚在深圳一起开了一个会。听完情况介绍后，安迪先生说了一句：Business is business（在商言商）。

　　戴丹娜小姐和邝志豪先生很默契地对视了一下。这是安迪先生的口头禅。戴丹娜小姐和邝志豪先生知道，紧接着他会说一句：公司不是善堂。然后他说像小蓉这种情况在前期治疗的话，公司会尽力帮助的，深圳的社会保险也会覆盖一部分，但是后期的费用要多少，目前很难估算。他自己母亲也患癌症，后续疗程的药非常贵，有的药丸一粒就要上万元或数万元港币。如果不是他在摩尔登公司做高层，有份体面的薪水，以及家里众多的兄弟姐妹们一起"夹钱"（凑钱），想救母亲也是有心无力的。

　　戴丹娜小姐觉得这话确实很实在。安迪先生虽然好多场合都要来上一句：公司不是善堂。但他都会利用自己手中的最大权限给有需要的人提供帮助。比如，上次车队司机张龙违规开车到布吉撞伤小孩，他不光让戴丹娜小姐草拟报告，按照鉴定的伤残级别给予事主足够的赔偿，孩子的护理费、营养费，孩子母亲的误工费等都是按照高标准支付的，然后在精神抚慰金这个可以有争议的金额上，他也没有让戴丹娜小姐去"还价"，直接按照孩子母亲提请的金额进行了支付。事主到办公室财务部领款的那天，戴丹娜小姐请她们母子吃了餐饭，孩子母亲连连说摩尔登公司的老板们都是菩萨心肠。"菩萨心肠"一语应该是中国人对德行的最质朴最传统的褒奖与感恩。

邹女士和安迪先生对于邝志豪先生提出的在全公司范围内捐款一事，态度有所保留。所以后来，邝志豪先生先在CFO下辖的几个兄弟部门展开捐款，然后让其他部门的再自愿加入进来。小蓉比较幸运，因为是属于早期，所以治疗了一年多康复后，她又重新回到了摩尔登公司。

没想到过了几周后，公司又传出了有人得癌症的消息。这次是邹女士被诊断出患了淋巴癌。邹女士平时的瘦弱憔悴原来暗含了疾病的因子。在邹女士休病假期间，改由戴丹娜小姐和邝志豪先生直接向CFO安迪先生汇报工作。香港公司对应的行政经理和人力资源经理也是如此。内地其他分部的人力资源经理和行政经理原先向邹女士直接汇报工作的，改由直接向深圳公司的邝志豪先生和戴丹娜小姐汇报。戴丹娜小姐和邝志豪先生，一个人负责管理内地运营区域内的"物"，一个人负责管理内地运营区域内的"人"。一时间等于是两个人都变相升了职级。对于这种旨在维稳的职位调节，他们不可能显示出通常升职情况下的欢欣，因为毕竟曾经并肩作战的直接上司患了绝症，从道义上说他们现在该有的是"临危受命"的肃穆感，而不是"乘人之危"（虽说不是主动的）的沾沾自喜。

世界500强杜邦公司感恩墙（摄于2017年7月，图片提供 深圳外商投资企业协会）

长日漫歌／舞动青春的猎猎族旗
漂洋过海来深圳

云开雾散

公司的空气中涌动着一股恐慌的气息。两位IT部的未婚男同事迅速从机房里搬了出来，改在船务部旁边的卡位里办公。IT男的做法提醒了怀孕的女同事，她们纷纷申请转移到远离电脑密集区的单独办公位。辐射这个东西看不见，摸不着，对身体到底有多大的危害呢，始终也没见到有什么统一的确定的权威的说法。地球本身不就是一个偌大的磁场嘛，在它的辐射下大家也都活得好好的。但是为什么现在这么多人亚健康，男性的小蝌蚪数量逐渐减少，女性的乳腺和子宫的问题层出不穷？越想越让人心里不踏实。位置临近复印机的同事戴起了口罩，并去医院做鼻敏感的过敏源筛查。

与其让同事们在私底下议论纷纷、胡乱揣测，还不如先行出击，使自己处于主动。CFO安迪先生很快便批准了戴丹娜小姐提交的有关深圳公司的室内空气治理方案。毕竟每个人每天要在办公室至少待上9个小时甚至十几个小时。办公室的环境直接关系到个人健康。劳动法规也有明确规定，雇主应当为员工提供适当的工作环境和工作条件，这个应该不单指安装空调冬暖夏凉，还包括工作环境的安全环保。

邝志豪先生也敏感地观察到，这段时间有些劳方与资方的纠纷集中在了办公环境上。有一个著名的世界500强企业，一位普通的收银员频频流产，结果这位收银员以她工作的卖场内空气不流通、空气质量恶劣引致流产而起诉雇主，结果雇主败诉，支付了巨额赔偿。

和许多的外企一样，摩尔登公司对它众多的生产型供应商以及自有的工厂实施严格的"验厂"程序，这指的就是社会责任审核，它包括对供应商的劳工权益、工作条件以及环境保护三方面情况的审核。具体内容涵盖了：工厂厂规厂纪和员工福利手册、工资表、出勤记录、社保发票、员工人事资料和劳动合同、工伤记录、工厂食堂卫生合格证以及食堂工人健康证、童工、安全并健康的工作环境、体罚、精神或肉体胁迫等惩戒、结社自由及集体谈判权利等数十个方面。这样做的目的当然是建立国际公信力，使消费者对产品建立正面情感。试想，如果消费者知道自己身上穿的奢侈品牌的裤子是出自环境恶劣的血汗工厂奴役下的童工之手，他（她）会心安吗？还不得如坐针毡啊。外企之所以养成了日常随时关注劳工待遇的习惯，一方面是出于企业家的"优良道德"和"政治觉悟"，另一方面更是他们所处的法治和商业环境使然。若非如此，他们将受到本国法规和行业规则的制裁，也将在关注劳工权益的国际性非政府组织的抵制号召下陷入困境。历史上出现过不少这样的先例。

但是写字楼里的办公环境似乎成了审核的盲区，似乎不曾有专业人士关注到。除了刚装修完的那段时间会考虑到通风晾置。所以戴丹娜小姐提出来的办公室的室内空气治理方案让管理层觉得很有必要，并且让员工们感觉到很及时。

放射性氡、总挥发性有机物TVOC、甲醛、二甲苯、细菌总数……化学项目若干项、物理项目若干项、生物项目若干项、放射性项目若干项……检测报告上的专业名词倒不是每一个都能看得很明白，反正请的是专业检测机构，做的是专业的项目。检测结果出来后，大家悬着的心落回了原处。除了局部区域像布料部门悬浮物超标，空调口等地方细菌总数超标外，没有太大的问题。接下来检测机构针对出现的问题提供并实施了解决方案——植物酵素熏蒸、地毯胶催化剂、生物离子雾催化、除甲醛高效光触媒、活性炭包投放……又是一堆看不明白但听上去让人安心的专业名词。然后，日常的办公室空气质量的维持，就靠行政团队和广大员工们的努力了。

戴丹娜小姐让行政部和IT部的几个男士联手将复印机、打印机集中挪到了有窗的文印室里，让电工加装了排气扇。每天早上，夜更保安交班前一定要将中央空调的新风机提前开启，并且上班时间要一直开着。以前因为在附近区域办公的同事觉得吵，新风机经常处于关闭状态，致使室内空气循环很差。清洁阿姨早上来保洁前，将办公区的窗户通通都要大开换气，等正式上班时间一到，要开启空调之前再关上窗户。在办公区域大密度地摆放绿色植物，尤其是绿萝、虎尾兰、芦荟等对有害气体吸附功能强的植物。在无窗的陈列室、会议室、资料室等投放竹炭包。增加清洁空调过滤网的频率，增加清洗地毯的频率，增加虫鼠消杀投放点，洗手间增加净手消毒机，前台药箱加多一次性口罩存量，冰箱、微波炉等家电定期除菌。将公司的饮用水取样送检，让专业的水质检测公司出报告，配置办公室专用水质检测仪……总之消除一切杯弓蛇影。

可颂哥斯宾瑟先生非常喜欢办公室里新增的那些绿色植物，尤其是他办公桌上那盆珍珠罗汉松，他亲切地称之为"The mini green fairy"（绿裳小仙子）。

维多利亚小姐则将办公室内的每一盆植物都拍了照片，画了铅笔画，仔细地收在她的宝贝集子——China Album（中国锦藏）里。

公共区域有几盆仙人掌和仙人球的形态很是娇憨可爱，布莱克先生让他的助理调换了一盆头上顶着橙黄色小花的仙人掌到他们部门，并在花盆旁边放上性感的翘臀牛仔裤模型。

仙人掌花开得最旺的那几天，布莱克先生邀请维多利亚小姐和戴丹娜小姐过来参观，说这株仙人掌的形态多像他们英国的知更鸟啊，尤其是它顶部的那一大朵橙黄色，多么明艳纯净，和知更鸟胸前的羽毛颜色一模一样呢。

维多利亚小姐一连夸张地说了几个"Oh，my God（老天呐）"，对他这种牵强附会的联想表示了英国式的理解和认同，毕竟布莱克先生远离英国故土已有几十年了，难免会偶尔发作一下思乡病。

布莱克先生每天爱心饱涨地给它们浇水，结果失当的热情很快就让仙人掌烂了根，颓然歪倒在花盆沿上。

维多利亚见到此状，做了一个刎颈的手势，翻着白眼对戴丹娜小姐说，毫无疑问，布莱克先生杀死了一只知更鸟。戴丹娜小姐先是被逗得哈哈大笑，后来猛然反应过来，刚想说美国某位女作家有篇获普利策奖的长篇小说就是这个名字，没想到维多利亚小姐很快就非常严肃地补充了一句：杀死一只知更鸟是一种罪恶。这恰是那部小说里的经典名句。

　　若干年之后，也就是2016年的2月，戴丹娜小姐从新闻中看到《杀死一只知更鸟》的作者哈珀·李离世的消息时，回想起了办公室的这段往事，心里涌上一丝淡淡的怅惘。

血拼大会

买到就是赚到！这是摩尔登公司一年一度的内部特卖会的口号。内部特卖会是真正的"血拼"大会。那些响当当的国际一线品牌的衣服鞋帽、男装、女装、童装、皮具……打版样衣，尾货，往季库存……只要区区几十元港币。而在奢侈品商店里，这些东西的售价要在后面加好多个零。

戴丹娜小姐手里早就拟好了一张大单子，代买者涵盖了上海的三姑六婆、深圳的左邻右舍、父母公婆的同事世交、自己的死党发小。他们心仪的货品名称、尺码和数量等数据，在一收到内部特卖会的风声时就火速拟定并汇总到戴丹娜小姐那里了。

运营部和行政部先把跟单部、版房等几个部门以及各大仓库送过来的货品集中汇总到大展览室，分门别类地在地上的大箱子里堆好，把原品牌标签通通剪掉。临时卖场的出入口都要调保安过来维持秩序，行政主管和行政专员在收银台负责点货和收钱。各大部门按照抽签的顺序在上午和下午不同的时段进来选购。

卖场里热闹非凡，每人手持一个清洁阿姨派的黑色超大号垃圾袋，极力压抑住内心的狂喜，一边快速地和旁侧简短地交流几句，一边在货堆里快速地翻找，抓准了东西就连忙往袋子里塞，没时间犹豫，略一迟疑，好东西就跑别人那里去了，得抱恨一年。

在摩尔登公司工作了这么长时间，或者说经历过几次内部特卖会后，戴丹娜小姐对所谓的奢侈品可以毫不夸张地说具有了终身免疫力。平时那些货品密密实实地挂在版房或是陈列室的横杆上，堆在仓库里，被员工们翻来翻去，根本很难跟"奢侈品"这几个字联系到一起。特卖会的场面更让人恍若在淘夜市地摊。尤其是明悉了它们背后的成本价格之后，就更加不会盲从潮流，追求所谓的大牌。戴丹娜小姐从中最大的受益反倒是，在经年累月的耳濡目染之后，能够自动屏蔽掉诸如羊绒、真丝、真皮、皮草等真正天然、高级的材料之外的那些喧嚣和嘈杂，并对匠心独运的手工水平培养起不俗的甄别能力。

在戴丹娜小姐看来，奢侈品的价值是很形而上的，精致的物品，经过一层又一层精心的包装，由会讲几国外语的样貌俊秀的店员，以仰望帝王的眼神微笑着与你对视，用戴着白手套的手接过你的金卡，然后谦恭地将昂贵的货品递给你，这种仪式感可谓真正的奢侈品。

而维多利亚小姐认为，真正的奢侈品应该是在私人定制领域，独一无二的个人尺寸、独一无二的专版款式、独一无二的手工缝绣。奢华的最大内涵是低调，无关价格，更无需一个画蛇添足的Lo-go（商标）。

这般说法又拓宽了戴丹娜小姐的认知。她终于理解了母亲为什么如此热衷于去东门的裁缝店做衣服。特别是遇到一些重要场合，母亲会专门找上海或江浙籍的师傅给她做手工旗袍，擅长精打细算的母亲对几千上万块钱的真丝旗袍从来没嚷过贵。

戴丹娜小姐在深圳大学读大四那年的寒假，母亲就非要拽上她去裁缝店量身做毛料西装套裙，好让她将来面试、上班时都有拿得出手的行头。刚毕业时的戴丹娜觉得那些套装实在太正规太隆重了，为了哄妈妈开心穿了两三次后便挂到了衣柜的角落里，然后自己又偷偷地跑到深南天虹商场去买些自己认为时尚的款式。但过了几年之后，那些时尚款在毛料套裙的比照下终是相形见绌。

戴丹娜小姐依稀记得有位时尚界的著名人士说过这样的话：奢侈品是从非凡生活中的平凡，演变为平凡生活中的非凡。她觉得不无道理。

既然提到了深南大道北侧的天虹商场，那就不妨多说几句。因为对戴丹娜小姐家人而言，无论从生活上还是感情上那都是不可忽视的存在。他们家在20世纪80年代搬到深圳的时候，全市的大商场只有免税、国商、国贸、天虹等寥寥几家，深南天虹是他们家最喜欢光顾的商场。没想到在2008年6月它停业了，老店原址要拆掉来建深圳新的地标。

母亲读着报纸上的新闻，指着图片上"二十四载同行，感恩一路有你，作别深南大道，全馆最后出清"的大幅广告，发表着世易时移的感慨。当看到商场内的清货折扣居然低至二到五折时，继而惊呼，天虹怎么不挑个周末来搞停业活动，让她不光错过了同老天虹的告别，也错过了一个大好的扫货机会。

再说回来摩尔登的内部特卖会。

深圳市外商投资企业权
益保障工作站揭牌仪式（图
片提供　深圳外商投资企业
协会）

　　戴丹娜小姐她们有时会遇到一些很有意思的事情。比如，每次在内部特卖会之前，一些神秘客人会先行过来"扫荡"一遍，他们或者是董事会成员的亲朋好友，或者是商界名流，或者是演艺界明星。每每遇到这些情况，邹女士和安迪先生都要反复强调和提醒戴丹娜小姐和邝志豪先生，务必做好接待工作和保密工作。他们中某些人是某个品牌的铁粉，对该品牌的所有版本都要收入囊中，很有收藏成癖的感觉。对于这种有收藏癖好的人，戴丹娜小姐会多一丝好感，觉得心有执念是个难得的优点。有一次CEO的一个生意伙伴从美国过来，他就是喜欢收藏世界各地的高尔夫球，他在CEO办公室喝咖啡的时候，刚好透过玻璃窗看到了熟悉的果岭，于是CEO连忙差戴丹娜小姐安排司机去隔壁的高尔夫球场买了一些球回来，以成人之美。

有关特卖会，还有一个非常非常重要的、不能掉以轻心的注意事项，就是在特卖会开始之前，行政部要通过电子邮件等方式再三强调，这是公司内部员工的一种特殊福利，摩尔登公司的人在特卖会上买到的物品只能用于个人或转赠他人使用，不可以当作商品再行倒卖，或者仿制生产，否则会追究法律责任。这绝非戏言！之前有一个"O"让他的亲戚帮忙，将一批童装捐给了某个城市的儿童福利院，结果那批童装数量太大，福利院消化不掉，于是亲戚便将余下的货放到北京自己的一个精品店内零售。结果，这个品牌的知识产权维权专员很快就发现了这个情况，并向欧洲总部汇报，因为这些货品只能在国外或者品牌拥有者授权地区的门店内才能进行销售。好在那些童装没有卖出多少，那个"O"让亲戚交出卖货所得，将余下童装火速收回并进行了处理。然后跟欧洲那边的品牌拥有商郑重道歉，做了各种保证，才算是化解了这场危机。

这个事件给戴丹娜小姐的触动很大。她觉得，深圳作为知名的世界工厂，自然会面临很多知识产权方面的问题，每一次碰壁，都是宝贵的学习机会，虽然很多"山寨"行为屡被外界诟病，但随着知识产权意识的日渐加强，创新能力的逐步提升，深圳一定会以它特有的步伐与速度完成从"深圳制造"到"深圳智造"的完美蝶变的。

金融危机

对于经济危机的理解，戴丹娜小姐一直停留在教科书的名词解释这一层面：经济危机是指资本主义再生产过程中，周期性爆发的生产过剩的危机。这种生产过剩不是绝对过剩而是相对过剩，即相对于劳动人民有支付能力的需求和资本价值增值的需要而言的过剩。一般表现是：商品大量积压，生产锐减，工厂大批倒闭，工人大量失业，信用关系严重破坏，整个社会经济陷入极端混乱和瘫痪之中。

直到自己亲身经历了一场全球性的金融危机，戴丹娜小姐才领会到了它的真正含义。

2008年下半年以来，由美国次贷危机引发的华尔街金融风暴，快速地席卷了整个国际金融市场，美银收购美林，雷曼兄弟破产，保险巨头美国国际集团向美联储寻求400亿美元的融资支持……一个个爆炸性事件使国际金融形势急剧恶化，迅速演变成20世纪大萧条以来最严重的一场国际金融危机。

覆巢之下，安有完卵？

2008年年初，中国股市大盘从1月份的5000多点一路暴跌，一直跌到了谷底1664点。大股灾让无数股民血本无归。

戴丹娜小姐从不炒股，偶尔听父母和公公婆婆他们讲起股票经，分析什么时机买进科技股，什么时机要抛地产股，哪个医药板块龙头股涨停……她都没怎么在意，这次她不由得留意起报纸的财经版了。好在两边父母都是资深股民，经历过数次股市震动了，这次反倒处变不惊。反正他们投入股市的钱本来就不多，小"炒"怡情，而且又是做长线的从容心态。这让戴丹娜小姐感到很欣慰。

深圳楼市则与股市一样遭遇罕见大跌。在2007年年中的时候，深圳商品房均价曾经攀升至18000元/平方米，领先北上广，占据全国房价的最高点。但到了2009年年初，这个数字已经跌至接近10000元/平方米，几近腰斩。2007年北大兼职教授徐滇庆还在打赌深圳房价一路看涨，一年后楼市拐点成定局，徐滇庆愿赌服输，于2008年7月在《南方都市报》刊登了24cm×17cm竖半版的道歉广告。

一向嗅觉敏锐的母亲坐不住了。

戴丹娜小姐的母亲迅速行动起来，她让父亲开着车马不停蹄地到深圳的各个角落看楼，把一大沓印刷精美的广告页册和置业方案拿回家，商讨着比较着。其中有一个广告让戴丹娜小姐过目难忘：图片左侧的文字部分是一行醒目的大字——再低，就不可能了。下面的小字写着楼盘价格等信息——约5056元/平方米起，畅享约30万平方米大社区品质生活，一期全新五号楼宽景单位，隆重推出。右侧的配图是一个身穿红色晚礼服的女人。

母亲眼睛发亮，神情就像她当年南下深圳那么果决而欢欣。她笑着说，看来，楼价已经低到要非礼勿视的程度了。戴丹娜小姐母亲果断入手了福田以及关外龙华靓盘的两个户型,然后在她的带动下,公公婆婆他们也火速拿下了南山的一套学区房,为下下一代的教育做好前期物业储备。

新楼入伙拿钥匙那天,两家约好了去聚餐,戴丹娜小姐说很长时间没去罗湖了,要不去东门的新安酒家吃吧。戴丹娜小姐记得她们家刚搬到深圳的时候,第一次喝广东早茶就是在新安酒家。新安酒家的粤菜精细美味,清蒸鱼的火候是精确到了秒的,那么嫩滑。还有白切鸡、咕噜肉,味道不论是浓还是淡,都恰到好处,能够经得起嘴巴最严苛的挑剔。戴丹娜小姐还跟着父母去吃过他们单位的本地同事在新安酒家摆的结婚酒,新娘穿着金线绣的龙凤裙褂,按广东这边的风俗把收到的所有金饰都披挂在脖颈上和手臂上,金光灿灿的,非常贵气逼人。

没想到戴丹娜小姐的父亲说,新安酒家好像去年就被转卖掉了,店名都改了。戴丹娜小姐的先生看到她失落的样子,于是提议去深南路上的新城酒家,也是有名的粤菜馆子,那里的北京烤鸭比北京那边做得还要好,他们拍拖的时候可没少去吃。结果戴丹娜小姐的婆婆说,新城酒家也是去年就没了,你们年轻人天天关在写字楼里上班,深圳好多变化都不知道呢。

最后戴丹娜小姐的母亲提议去上海宾馆对面的老大昌,还好,这家专门做上海菜的老餐馆还好好地在那里,除了一两个会讲上海话的老服务员不见了,那几款好吃的经典菜品——龙井虾仁、腌笃鲜、鸡毛菜还有熏鱼等,味道还是那么正宗,一点儿也没走样,让老人家们赞不绝口。在戴丹娜小姐上大学之前,老大昌是他们家每年必须光顾一次的地方。

有人欢喜有人愁。

楼价的暴跌对于先期高价位时买进的业主而言简直就是噩梦。2008年，深圳楼市上演了好多场降价小区业主针对开发商的集体维权潮，有的小区业主拒绝入伙，有的小区业主占领售楼处，用种种行动向开发商施加压力，要讨回房产的差价损失。媒体也接连曝光了一些小区业主的集体断供事件。房价跌幅太大了，跌幅高达百分之三四十的房子已经变成实实在在的负资产，"百万富翁"成了"负翁"。

上海宾馆对面的老大昌
酒楼，深圳老字号上海菜馆
（孙宇昊　摄）

房产中介自然更是在这次房价大跌中受到了重创。2008年1月份，在全国各地拥有1850家店铺的某个大型地产租售中介公司陷入了"关铺门"。2008年，基本上所有地产中介像中原、世华、世联等都在关铺、裁员，节省开支。

　　这是深圳地产行业有史以来最凛冽的寒冬。

　　直到后来中央政府出手救市，4万亿计划出台，中国楼市经济方迅速回暖。

漂洋过海来深圳
长日慢歌·
舞动青春的猎猎旌旗

再见，布莱克先生

　　根据商务部的数据显示，中国加入世界贸易组织后，外资大举进入带来了全新的投资机会和市场空间，这一增长在2007年创下了新的纪录。2007年中国实际吸收的外国直接投资达到835亿美元，相当于1983年水平的91倍。

　　然而从2008年初开始，由于全球性的金融危机，加上中国市场的劳动力等生产要素优势不明显，一些外资企业陆续撤离，迁移到越南和缅甸等东南亚国家。2009年3月，耐克关闭了它在中国唯一的一家鞋类生产工厂。2012年，阿迪达斯也宣布关闭在中国的唯一的一家自有工厂，将生产线迁移至东南亚的缅甸。

　　在这次金融危机中，布莱克先生和他租住的英伦公馆的业主都是不同程度的受害者。英伦公馆的租约还有4个多月才到期，业主问摩尔登公司这边能不能提前退租，因为他在股市中亏了一大笔钱，已经便宜卖了在住的南山的房子以资周转，现在要搬回租给布莱克先生的这套福田的房子。如果能提前退租的话业主会支付违约金，当然期满再退的话也成，这期间业主去住酒店便是了。听语气，戴丹娜小姐估计这个业主在此次金融危机中的损失应该不只是一套房子。

戴丹娜小姐把这个情况汇报给CFO安迪先生的时候，安迪先生沉吟了一下，说可以提前退租，但是提前退租这个事情暂时不能让业主和布莱克先生知道。行政部这边要按照期满再退租的做法，现在就约地产中介去另租房子。戴丹娜小姐一下子就明白了什么。

戴丹娜小姐不露声色地，同时更是不厌其烦地带上布莱克夫妇跟着地产中介，一个小区一个小区地看房子，耐着性子听布莱克夫妇二人对房子的各种挑剔：采光不行，保姆房太大，景观阳台太小，冰箱不够新，沙发太硬……看房过程中刚好遇到紧邻的一家正在装修，布莱克先生居然径直走进去，里里外外细细地瞧，然后让戴丹娜小姐跟这家业主沟通，说他看上这个户型了，看看可不可以按照他喜欢的风格来装修，并按照他的要求来配置家具和电器。这家业主刚好是个美国女海归，女海归很礼貌地直接拒绝了布莱克先生的要求。真是谢天谢地。戴丹娜小姐松了口气。

一个月后，行政部和人力资源部接到了为布莱克先生办理离职手续的通知。在整个摩尔登集团的群发邮件中，管理层为布莱克先生因个人原因离职表示了深深的遗憾，盛赞了布莱克先生几十年来对公司所做的一切努力，并预祝他未来好运，前程似锦。

有关布莱克先生的离职，公司里有很多猜测，有的人说是布莱克先生太倨傲抗上，不把COO斯宾瑟先生放在眼里，在整个公司里只买美籍CEO弗朗西斯先生的账。有的人说去年有批货发到欧洲的百货公司后，发现有很多次品，结果被拒收，给公司造成了几百万美元的损失，这当然是布莱克先生所辖的质检部门的莫大失职。有

政策 加快轉型升級 開拓內鎖市場

業企業轉型與發展研討會

2012港澳台企业转型与
发展研讨会（图片提供　深
圳外商投资企业协会）

人说是因为金融危机，欧洲取消掉了亚洲这边上亿美元的订单，所以摩尔登公司要在全球范围内进行裁员，以缩减开支……各种说法，不一而足。

人力资源部邝志豪经理那边没有太多要跟进的事项，因为布莱克先生是属于香港公司的人头，薪酬待遇、劳动合同都归属香港那边。反而是行政部有很多事情要忙。比如说英伦公馆的退租手续，帮布莱克先生找专业的跨国搬家公司。因为布莱克太太紧跟着主动提出了辞职。这和管理层预估的一模一样。

布莱克先生搬家是个巨大的工程。大家还以为布莱克先生这次是要回自己的英国老家去，没想到他们是要搬去布莱克太太的老家菲律宾。或许是菲律宾那边的气候更适合养老，又或者是菲律宾的物价开销相对低一些，反正布莱克肯松口自己请辞，开的价码是不会低的，肯定是能够保障他到退休为止的很长一段时间内的生活都过得足够轻松体面。

行政主管带了一家资质良好的专门从事跨国搬家业务的公司去英伦公馆做报价，初步预估得要一个半集装箱。行政主管回来后报告说，布莱克先生有一间房放满了牛仔裤，看样子全是名牌绝版，价值不可估量，也不知这个情况要不要报告给总部。戴丹娜小姐考虑了一下说，办理交接手续时，我们会让他填写需要交还给公司的办公用品以及资产清单。但是在他家里的东西，我们都当作是私人物品处理吧。我们又没有确凿的证据，证明那些牛仔裤的归属。他做这行几十年了，利用自己的专业渠道便利，收集了一些"宝贝"，也无可厚非。

2012跨国公司中国峰会
（图片提供　深圳外商投资企业业协会）

　　这次搬家最麻烦的倒是布莱克先生的爱犬理查德，所有的事情行政部都要跟进，带着狗到出入境检疫局指定的动物医院打疫苗，办理检疫合格证和疫苗接种证书，临上飞机前到检验检疫局检测，领取兽医卫生证书。买机票，订专门的宠物箱。提前跟航空公司预约宠物登机时间……布莱克先生则像个甩手掌柜，在最后的一个月内，大肆采买中国货，海吃"话别宴"。听说这些话别宴中，只有一两个是摩尔登公司的人请的，而且还是版房那边请的——算是蹭布莱克太太的。

有一天早上，戴丹娜小姐正在自己的办公室里和两个行政主管说着事，结果前台转了个电话进来，说是布莱克先生的。电话里传来布莱克粗大嗓门的咆哮，看来情绪挺激动。他说今天上午本打算坐公司的深港车去香港买点东西，但是深港车司机阿良不允许他上车。戴丹娜小姐连忙问为什么，布莱克先生吼道，阿良说他已经不是摩尔登公司的员工了！戴丹娜小姐和行政主管相视而笑，回答道：布莱克先生，非常对不起，看来阿良没有任何理由不严格遵守公司的规章制度。很抱歉未能给您提供帮助。请您另寻交通工具到香港吧。祝您旅途愉快。

　　看来布莱克先生在公司内的人缘实在是不怎么样。

等待

2012 跨国公司中国峰会（图片
提供 深圳外商投资企业协会）

金融海啸的余波还在摩尔登公司内震荡。新的劳动合同法实施
后，劳资纠纷的个案增多，企业和雇员的矛盾加剧；有些部门陆续
开始裁员了，补偿金的问题真令人头痛；戴丹娜小姐听邝志豪先生

跨国公司中国峰会
（图片提供　深圳外商
投资企业协会）

说，邹女士挺过了化疗期，现在正在康复阶段，但是有可能管理层会让她休长假，无薪的长假。邹女士在考虑是否正式辞职。为了精简机构，行政部可能要和人力资源部合并，到时，就有一位行政经理或是人力资源经理成了冗员；运营部有些高管们，主动要求降薪，以求保住职位……

电视新闻中又一次重复同样的消息：近日来天气一直晴好，气温保持在26至27摄氏度之间。深圳再一次宣告入冬失败。

但是公司内接二连三地传来带着寒意的消息，让整个摩尔登提前进入了冬天。

如果一切都注定无法改变，那唯一能做的只有等待……

等待让一天一天都变得如此漫长，在等待的煎熬中，戴丹娜恍然听到青春那曲婉约的骊歌正从不远处传来，带着如期的轻盈，带着未卜的沉重。在长日与短夜交替的罅隙里，她祈愿会飘入一缕清朗的微风，洒进一束希冀的微光……她祈愿，这座城最终会记取这群人所有的青春祭语。

；深圳，一座圆有中国第一个以个人名字命名的国家级及本railroad诚市；深圳，一座以"一街两制"的辐射效应力更加凸出于世的诚市；深圳，一座敢叫了上地拉其来一座诚市的土地，奔赴这个叫"深圳"的地方，一个充满魔力的Neverland（梦幻岛）……根据深圳外事服务部门的数据显示，2015年，深圳市临住外国人为115.2万人次，比2014年增加17.4%;常住外国人26579人，比2014年18747人，占总数的70.5%。全市涉外单位（机构）共11319家，世界500强企业在深圳设立分部门的超过260家。2017、2018年的数字在这个基础上逐年增加。这群在深圳的外籍人士有一个共同的名字：Expatriate（

海，梦回鹏城的九零年代 安格斯先生是随着汉堡一起来到深圳 安格斯先生毕业自美国的名校，在来深圳接受某外资公司亚太区财务总监这个职位之前，一直在美国的大公司做财务总监。这家位于深圳罗湖的大洲画扎和魁梧欧美身材的安格斯先生。完满了他的东方梦。安格斯先生的父亲是1949年以从入马移徙至台湾，但他从美国读完大学后便留在北美工作。他在中国引进外资的热潮中，汉堡也长出了双翼，从子的巨大差别，由此产生的文化误解和文化冲突会如何表述来，从而成为不可预估的阻力。"回"中国工作之前，他从太过过各种渠道尽可能详细地了解中国改革开放的信息，热切地关注着深圳经济的成了，最后把产品提供给外商，获取相应的利润。根据中国《人民日报》的记载，当时深圳积极引进外资、发展生产、扩大对外贸易，与香港客商合作办成的首批29个来料加工厂，涵盖了无线电、五金、皮鞋、纸逐步发展成以自产产品为主的"三资"企业，即中外合资经营企业、中外合作经营企业、外商独资经营企业，其中较大型的有康佳公司、中华自行车等企业。到1985年底，深圳特区已有外商签订协议4696项，商投资企业的自主权，减少行政干预，改善投资环境，使外商投资实现法治化、便利化，国务院制定了《国务院关于鼓励外商投资的规定》及22个实施细则，对税费徵纳、补贴、出口便利化等方面做了细致规

可观的异地安家费，子女在香港的教育可以，还提供给配偶以国子化的融入适应课程。这种能靠近距离地接触中神秘的东方国度的机会，让安格斯太太兴奋非常。安格斯先生有三分之一的时间是程中如果出现什么状况的话，以便于趋利避害。公司给外高级职员提供的公寓，无论是去深圳的厂，还是温湖，但安格斯先生大多是以日后去国内香港的家，除非遇到特殊情形，才会在深圳岸，或者以家的方式安定下来。公司选择在商业最发达的罗湖以给高级职员租赁物长租公寓房屋，无论从地段、内部装修，还是物业管理等各方面都不挑剔，以充裕的预算

的能力。很多刚从内地来深圳的会计人员甚至都没使用过电脑，只会打算盘及手工记账，那还是大陆以来教养相关的喘已英语，于外企需用刀架实松接待之们时候，那些想了出于吃一道风味。

一道风味。外资院企业抢清中国的时候，由于不太熟悉大陆的情况，加之政治局势等考量因素，他们会先选定一个同中国有密切关联的国际化程度高的国家或地区作为第一站点，成为整个亚太区的总部，一落实到位。安格斯先生组建的财务部亚太区中当的财务经理雷先生，两个会计主管WG和TL都要常驻深圳，理解香港的财务经理的理念，两个会计主管WG和TL都要常驻深圳太深圳，诱惑无处不在，与同事之间可能往不消除掉的威胁。不论雷先生是多么自律名多种种清澈的日常下午食里的免费工作餐从未改变，只吃白带雷太太亲的使当成是用自带矿泉水来当路边产车

和大陆员工精诚来谈。午餐时间的白领食堂里，台湾人喜欢用他们家乡的国语甜谈一些国际时闻和世界见闻，对着行在1949年退出今台湾国民共运上一些大事件也从不违言，十分眼脱磊落地与表个人，比如，财务经理雷先生有一次带新招的外销主管到银行办理业务，这是离罗湖口岸很远的一家本土银行，那时还没有叫号机，窗口前挤的长长的队伍那一个，也都是些美丽孔、有也是港澳同胞。大概某个柜吗，还没办各好接受国际应味的检阅和评判，一个女和员被这三个女籍的意境当当场瞄俗大笑，于是到员工手扩的，严禁员工制服号过大、过于工作风，实则来深圳的外资企业公司员工资情况。而以来深圳时外资企业进金于的总是在初籍员工的一个位中级岗位于，在早先国人的意识里，"留学"是金光灿灿的证明，意味着家庭高封力的和踏本才过的获得。留学生应该是师类技技以制实的，是挽救民族子产，代国家输血的栋梁才对。见识自分别和两个大陆同事谈了恋爱，而且这两个女孩都来自四川。在外资公司国婚姻中。四川女孩的身影可以说是频频出现了。大概从外开型的外籍人士对人土之间一般的，华侨味生态"场的风凤配如火地缭绕雨嘻，像在凤凰花的旗帜下，绿色的草坪。自在人欢，就算不是最也可爱，WG太太便辞职去了另一家外企。WG夫妇二人并没有在深圳停留多久，他们就在香港租好了一套，移民去了加拿大。这些是后话。瓶颈 英语也是制约深圳本土员工发展的瓶颈，更影响公司整体工作效率的症结。安格斯先生一直制力设法来改善这种状况。人力资源行政部地的下属部门之一，经理万女士是中资方派过务专业的英文试卷，以便能批录到合适的雇员。对于现有的员工，他准备为了一个英语培训班，每周抽出两天进行课程外的免费培训。考虑到大家的水平参差不齐，总是是亲眼见识了一把本土员工超群的应试就CET6（大学英语六级考试）测试PK下来，大陆员工的成绩名列前茅，甚至内地员工甚至还占不到优势。这个格显让安格斯先生有点头疼，对于管理层十分纠结，总是是亲眼见识了一把本土员工超群的应试就。生产线上的工人比较少人头痛，即从内地来的工人正集到深圳的员工，都是从来自内省省的经济状况堪，兄弟姐众多的农村家庭。他从情感上本土员工都觉得自己的英语发音是最纯正的，总之，上班时间

状况失望的离开。而且薪资待过过低的外厂形象在人才市场上传播开来，会对以这样的招聘员工也会下产，不见是以外于自己行的当那员工，那此的离职率之高，给外籍人士带来的是不稳定行行政管理上，公司在人力资源及行政部的组织下共进行撤换，本身财务经理雷先生决定地把财务部年轻为重要的许多的档案一起拿上了，且至此，整个公司在人力资源及行政部的组织下共进行撤换，本身财务经理雷先生决定地把财务部年轻为重要的许多的档案一起拿上了，的大事故——15人死亡、100多人重伤、3.9万平米建筑物毁坏、直接经济损失2.5亿元……被载入深圳的历史了，也被收录进了《中国特大事故警示录》。这叫是早生之下大陆局势不稳环境恶劣等等台。尔后，的新麟行道了，他视霜离职率。他从内心深到同情那些被解雇的工人，他们都来自内地省的经济状况堪状、兄弟姐众多的农村家庭。他从情感上本土员工都觉得自己的样子可，热烈地想样的那员工，毫凡可那双美间但表演严肃的女工作人员坐在一个警察一样，严厉地则下在演奏着很有弄出噪音的满面。流光溢彩的深南大道，潮北宝安大道，沙井，新桥…等之后在个诚市的诺基亚广告牌，写了一颗定心丸。中国的外商投资环境有了快速的改变。招商引资的热潮在全国各地交通、邮电、能源等项目的大力发展和建设，外资也提供了良好的基础设施和有利条件。同时，法律治理框架的资企业在开始的影响？自己要继续留在中国，还是回到问题后面白脑海里盘旋。然而，安格斯夫妇要大跨过罗湖口岸的那一条之时，条件反射下就起心上人的那股莫名之心成的哪郁莫名之心，其中为了提醒着有位工终究美梦成真的神话。第二章：跨越千涯，刻下乡月的历历印痕 和千年虫一起跨越千 卜琳达小姐在北方女大，读中学的时候侄候母往居之后都回乡。她在广州上大学期间，以对深圳心生向往，毕业之后回到办公室上班，卜琳达小姐听同事们讲大游的盛况，一句话也插不上嘴。1999年12月31号那天晚上，跨世纪巡游的22辆主题彩车和21个巡游方队从深大电话公司到经过上海之后，然后经过南海沙诚江400末的高速公路同时燃放，了蓝花灯光盛绽开来，赛马场上雄狮奋斗飞、舞醒龙。周而复，王石，还比吉庆热闹，对于这是刚刚欢吹的一，但是能够合理的疫情未来新千年那种从没品这么深的茶。卜琳达小姐隐隐有些失望。如回家看电视机前就还是那过"千年虫"还是那个千年虫。了千年的是都有些失望。卜琳达小姐觉得穿着在这种的银行系统也出用国就的好，不见是她家门前的房饰不规下，有款后头手多多喜家就美了，她就可以当个体的无业"由"民了，当然是财务自由的"由"于无论如何也无法让美国人抢上这天赋予他这头彩的一头彩就登太平洋的国际日期变更线西侧的时候，当它一以一步迎接新世纪的曙光之，威尼斯的东方快车已经到了多团体或私人迎来，询问能否包租这，一向是本土员工都觉得以当一个新千年那种从没但到来的品这么深的茶。卜琳达小姐还沦非此她，据说那时的酒店有元旦的品元旦的品元旦的品，深圳、深圳、东莞等地游客订满，一度不少商业的深圳深东莞都在于，在挑水渔场上的珠海，有子百种或版饭都是北土人开的，近些年在珠海，以及海南的游客，经常可以听到过种各种喜多喜又酸又酸汉式的盆菜，还是她当地的大排档的椒盐尤鱼、白切鸡、姜蒸妙少枝叶了那样，她和名公和晚上上上下上，一种独特的故新的方式登上了千禧之路年。这次辞旧迎新大腹再游一卜琳达小姐算是这个部门的大秘书——采购中心经理的助理。意大利籍的采购中心总经理马可将被派到上海科达康公司担任职。原来提供的职位，在科达康公司的这个分一个新职位的最合适企业卜琳达小姐才是这个部门里的大秘书——采购中心经理的助理。真心是她非常不压的样，一小分庆幸在公司的这次小整合中曾的大整合中整合，并且她的工作实职还是大秘书——一间里，并且每半年或每年一次的绩效考评时，会严格地基和职位描述来打分，以此来作为加薪的衡量的依据。新上任安尔尼先生是一位外籍人士。卜琳达小姐的前上司稻有所区别了，安尔尼先生是位走由工一样，他也要打卡。公司的考勤制度是一项十分严之的大事之内都很十外籍员工都将系统里导入，发送到安太区总部系统。对此，卜琳达小姐是在着实的要命的这个月里的一个月里的工甚至可能是整不上班等迟到才或是有着就是当然文化之下，员工手册中规定规定、销售部和市场部等一线部门的员工，上下班时间要正常、女士是取业装统装裤装，男士"西服+衬五五四的，有员工都可以对穿裤——但是一线部门如果碰到在周五的休闲的休闲装日要足，那还得得保持正正。深圳边边的夏天很热，一年几乎大六个大月都是高温天气。大家都拼了一轮升来高端的的名穿着老备用领衬，副总裁也就任后，安尔尼先生对卜琳达小姐的着装很当然你发觉人力资源专业术职种上。卜琳达小姐是个新职位的最合适业卜琳达小姐于是就是它个人力资管理职种。真是些多不压身等，一小分庆幸在公司的这次小整合中整合的大整合，她的最爱她的高级皮鞋就只要子是这里的着装在着装后面前没件件都是一笑时噴鼻出地带舒彩着有时穿着候，会是一能能干的男士像水珠，是一枚这种真为了装维整洁挂起尼是手不名指头的力的形状，衬衣袖口的银质钮扣，银质领带夹，坐得妥妥当当，应该会问安尔尼身上该从没可没的男子香水。卜琳达小姐就说前前的行政助理早上报告了早上行政助理所说过的赞赏，真心觉得是那来都着这么多，面前起这个即便是大笑时噴鼻也地带舒彩着有着时，会是一能能干的男士像水珠，是一枚这种了真为了装维整洁虽然男人穿着什么都好看，但让卜琳达小姐穿不住了，上面正要带些工种的正面的折痕，对行政助理些多于着装上的折痕，着装又现在科达康公司在方方面面都有严明的"纪律"。这些纪律条文不是了为了装维着挂起部、职位。O代表的、对象。TPO原则是世界通行的着装打的三项基本规则。它要求着装不但要符合身份、且要与所处的场合相适应；着装又现在科达康公司在方方面面都有严明的"纪律"。这些纪律条文不是了为了装维着挂起部的大地之下有一个叫做"丢盖弃甲"，原意是用来容容打了败场的loser（失败者）的，我们来描这些都是面试中过五关斩六将之后进入科达康公司的精英是，都是个一称合格的职员人，相信你仔仔就不但你给着才说清其好像整个公司来，发现卜琳达小姐正和旁边的人小声嘀咕，他笑着称她的名字：点鞋？有觉得我系哪里错了吗（怎么样啊？是不觉得我很哪里错了，讲一套一套啊）？卜琳达小姐心里先讲出大声答面在新加坡的职同事笑过得的一样都会面面觉正是面试中过五关六将之后入科达康公司的精英是，都是个合格是感觉好特别。卜琳达小姐于是又连忙用国语跟大家解释了一下"讲耐酥"同是什么意思，然后提醒安尔尼进入下一个步骤，讲述装要装的内容了。安尔尼先生想了想，说讲装要装有"八成"，大家可更白色林子还是留着运动的时候或者白色西装整松的婚纱期时穿了。二戒：西袜太短，裤脚露出脚面之时3公分之处以上以免在走动时麻以肤的颜色，特别是犯了忌穿了刚才的白色林子，走起来像踩着两条白色带了。六戒：……七戒：……八戒：……这次会议让卜琳达小姐很少再听到有人抱怨：打着领带很容易披甲同了拉锁的或者是地产中介了。原先寡着素勒上班的几个年龄稍长的男同事也化起了淡妆。研

相关附录

一、深圳外商投资企业协会

深圳外商投资企业协会是由在深投资的外商投资企业，港、澳、台及海外侨胞投资企业，以及其他所有制类型企业、工商界人士联合组成的非营利性社会团体。协会以经济全球化和区域经济发展为基本视野，以持续不断的体制创新为动力，以服务功能的不断升级为基本手段，由一个以政策协调为主的协会组织，逐步转化成为一个以社会化功能服务为本的国际性商会组织。深圳外商投资企业协会一直秉承着如下宗旨：致力于推进宏观经济政策和投资环境的改善，致力于维护外商投资企业的合法权益，致力于为企业和政府提供双向服务，致力于微观经济运行秩序的维护，致力于协会与会员企业的共同成长。

中央媒体报道（图片提供 深圳外商投资企业协会）

协会自1989年成立至今，已和深圳的数千家外资企业会员携手共同度过了三十一载的春秋。这三十一载，是同风雨共甘苦、同心同志、同频共振的三十一载。

深圳媒体报道（图片提供 深圳外商投资企业协会）

二、外商投资企业协会的老牌外企会员

1. 深圳第一家外资企业:
正大集团在中国的40年里如何成长为"千亿巨无霸"

敢为人先,他作为"0001号外商",在开放之初的中国写下浓墨重彩的一笔;善做善为,他发挥"侨"优势,勇当"一带一路"生力军,继续投身中国改革开放事业。激荡四十年,他是海外华商同圆共享中国梦的典范。

在"2018全球华侨华人年度评选"颁奖典礼上,中国侨商投资企业协会会长、正大集团资深董事长谢国民荣获"改革开放特别致敬人物"奖,并获得以上致敬词。

也许你对谢国民这个名字并不熟悉,但他及其家族一手打造的正大集团在中国几乎家喻户晓。自1979年扎根中国,正大集团迄今设立企业已经超过400家,员工超8万人,总投资超1200亿元,年销售额近1200亿元,旗下正大饲料、正大食品、正大鸡蛋、正大种子、卜蜂莲花、大阳摩托、正大广场、正大制药、《正大综艺》等广为人知。

1979—2019年,40年弹指一挥间,正大集团已成为名副其实的"千亿巨无霸",其发展过程中有哪些经典瞬间呢?

1979年,正大集团进入中国,在深圳投资3000万美元设立中国

正大康地集团创立40周年
庆典在深圳蛇口举办（图片提
供　深圳外商投资企业协会）

首家外商投资企业——正大康地有限公司，并于1981年1月18日获
得批准证书"深外资证字0001号"。

　　1990年，在中国传媒界第一个推出富有知识性、趣味性和娱乐
性为一体的节目《正大综艺》，迄今已是第29个年头。正大集团称，
开办这个节目的初衷并不是为了做广告，而是想给国人了解世界、
开阔眼界的窗口。

1992年，正大国际财务有限公司宣告成立，这是中国境内经政府批准最早设立的外商独资国际性金融机构。

1997年，正大集团在上海浦东成立了第一家零售品牌店——易初莲花。……2007年后，易初莲花改名为卜蜂莲花；2017年，卜蜂莲花收购韩国零售商易买得在华5家门店；2018年11月，卜蜂莲花第130号店——江苏徐州大学路新店开业，该店是卜蜂莲花大北方区第一家智慧型门店，营业面积3000平方米，开业首日即实现营收100万元。

2000年，正大制药集团中国生物制药有限公司在香港上市。

2002年，正大集团投资5亿美元的正大广场正式营业，这是中国第一座真正意义上的一站式购物商业旗舰，也是上海陆家嘴金融区的标志性建筑之一。

2009年，"首届海外华商中国市场（大陆）500强"正式对外发布。该排行榜参照世界500强评选方法，……泰国正大集团以年营业收入494.24亿元名列排行榜首位。

2012年，投资中国平安保险（集团）股份有限公司，并成为第一大股东。

2015年，联手伊藤忠商事株式会社入股中信集团，成为第二大股东。

2015年8月，正大集团和由沙县政府主导设立的沙县小吃集团正式签订战略合作协议。

2016年，与阿里巴巴、蚂蚁金服举行战略合作签约仪式。

2017年，正大集团启动"中国百万餐饮项目"，计划五年内在中国投放一百万个餐饮网点。

2018年，总投资约300亿元、面积1.5万余亩的慈溪正大农业智创湾项目正式落户慈溪市现代农业开发区。未来，这里将崛起一块集农业生产、科技创新、教学培训、休闲养生等于一体的农业智创高地。

（节选自《中国食品报》，2019年1月28日）

2.中国第一家外商全资拥有的投资公司：
杜邦公司

7月26日，由我会组织的"对话世界500强——走进杜邦总经理沙龙"在我会副会长单位杜邦公司成功举行。南海油脂、盐田国际、赛诺菲巴斯德、新美亚科技、力劲、波顿香料、兆赫电子、瑞德电子、维他奶、信隆健康、莱尔德等近30位跨国公司董事长、总经理参加了沙龙。

成立于1802年的杜邦公司是一家全球性企业。1988年设立的杜邦中国集团公司是国内第一家外商全资拥有的投资公司，历经30年的发展变革，杜邦在中国大陆共有约40家独资及合资企业，以创新的理念持续稳定健康地发展壮大，产品和服务涉及农业与食品、楼宇与建筑、通信和交通、能源与生物应用科技等众多领域，遍及全球市场。2015年，陶氏和杜邦宣布合并，新公司将成为全球最大的化工企业。

杜邦安全管理被称为全球工业界的典范，越来越多的制造业、服务业如航空公司都在引进杜邦公司的安全管理系统。

具有215年历史的杜邦公司具有怎样的企业传承密码？杜邦中国深圳公司总经理孟梨先生及其团队与参会嘉宾进行了深度的探讨和交流。

孟梨总经理介绍了杜邦公司的发展史、企业文化内涵、人才培养等方面的经验。杜邦SHE安全部和可持续发展事业部就杜邦安全生产管理进行了重点介绍。与会嘉宾参观了杜邦生产车间，通过与班组长、员工的交流，充分地感受到了杜邦公司的核心价值观根植在杜邦公司每一个员工的心中。

杜邦公司核心价值观是：安全与健康、保护环境、遵守最高的职业道德操守、尊重他人与平等待人。承诺实现安全事故"零目标"。

与会企业家就杜邦公司的安全生产管理如何做到全员参与，如何激励员工发挥潜能及薪酬福利问题、杜邦的升职体系问题、企业的人员培养及员工关系、在重大变动中的劳资关系等问题进行了热烈的讨论。在杜邦公司看来，一切事故都是可以避免的。每100个疏忽或失误，会有一个造成事故；每100个事故中，就会有一个是恶性的。所以，要避免造成大事故，不是要从"大"处手，而是要从"小"处着手。

"若不能肯定某项工作是安全的，就不要做。"这不但是杜邦公司员工工作的安全指南，它同样

深圳外商投资企业协会会员大会（图片提供　深圳外商投资企业协会）

适用于杜邦公司对其承包商的要求。杜邦公司认为从经济方面考虑
也是一样的。经验表明，安全的工作是最经济的工作方式。

　　（原载于深圳外商投资企业协会，2017年8月1日，原标题《对
话世界500强——"走进杜邦"总经理沙龙成功举行》）

3. 深圳第一家洋快餐：
金拱门内一个汉堡的前世今生

　　1990年的深圳作为中国改革开放的前沿，集中了一大批"先富裕起来的人"，而内地首家麦当劳开在深圳，不得不说是看中了这块宝地。1990年10月8日，内地第一家麦当劳餐厅在深圳市解放路光华楼西华宫正式开业，成为内地唯一一家能用港币和人民币支付餐饮的麦当劳。吃麦当劳所代表的炫耀性消费以及新生活的无限诱惑，逐渐在特区抽条吐穗。开业后很短的时间内，麦当劳在中国的业绩飞升。

　　要知道，当年的香蜜湖是很"遥远"的地方，距离上海宾馆要翻过两座山，都是"人走得多了，就成了路"的那种泥土"深南路"。当年的西华宫一带，是全深圳最为繁华的地方，每到节假日都是人山人海。那时候的深圳本地人并不富裕，不少村庄还没有开始实现"洗脚上田"，股份制公司也没有成立，更谈不上股东分红。然而，闻知麦当劳开业，不少本地人相约凑份子去吃麦当劳，体验下国外的食品，追求追求时尚。

　　"无数的深圳人举家前往麦当劳，人们都满腹新奇，长长的队伍从餐厅二楼排到一楼，再绕着整个光华楼转了一圈。餐厅第一批员工仅有400多人。实在忙不过来了，公司不得不从香港临时调来500多名员工帮忙，每人每天要忙10个小时，还不能满足顾客要求。"回忆起当年，老深圳人罗雪挥说，那时吃麦当劳还属于高消费，男女老幼去麦当劳都像下高级馆子一样。当时流行的汉堡吃法则是先小心刮掉那层芝士，而后吃掉牛肉饼，再吃掉生菜，最后就着可乐吃完上下两片面包。

除了深圳本地人外，新兴白领们也开始以在麦当劳聚会为荣，仿佛麦当劳解决的不是肚子问题，而是精神问题，吃麦当劳成了时尚和身份的象征。人们学会文雅地排两个小时的队，点适量的食物，而后在这里谈恋爱、见朋友、开会甚至谈生意，吃快餐时间被无限地拉长。麦当劳因此而承担了更多的公共空间，包括公园、公共客厅乃至公共厕所。"坐多久也不赶人"，这样的满足和尊重是空前的，而其迥异于中国餐厅的浪漫氛围，为白领们提供了不俗品位和雅致情调。这些人先是在麦当劳的"速成班"中自学成才，而后便在一波又一波的流行消费里成为中流砥柱。

（原载于2010年3月23日《南方都市报》，原标题《1990年流行语：来深圳的都是全中国的精英》）

在进入中国30多年后的2017年，在中国服务顾客超过13亿人次的麦当劳终于把中国的业务卖给了中国人。2017年7月，麦当劳与中信股份、中信资本、凯雷达成战略合作，共同运营和管理麦当劳在我国内地和香港的业务。2017年10月12日，麦当劳正式更名为金拱门（中国）有限公司。（作者注）

4. 深圳第一家外资零售商:
"领头狼"沃尔玛

摘自杜丽敏(现任沃尔玛中国山姆营运及会籍副总裁)口述:
带领深圳门店荣膺沃尔玛全球销售之最

20世纪90年代初,深圳零售行业中只有一家本土百货超市、一间香港商店、一间免税店,大型超市很少见,其余都是便利店或是夫妻开的小商铺。虽然当时零售行业的规模不算大,但发展势头迅猛。1995年,深圳社会商品零售总额达300.39亿元,经济特区人均年生活消费水平约为10988元,位于全国前列。因此,当时市政府规划在5年内扶持4至5家集团化经营的商业零售企业,并引进外资参与大型购物广场和配送中心的建设。1996年深圳市政府公布的年度市重点建设项目当中,沃尔玛成为唯一一家外商零售企业。

除了当时便利政策外,深圳濒临港澳,开放的地理位置对于进出口贸易、货物运输有天然优势,同时珠三角制造业发达,到工厂检验货品条件便利。深圳还吸引了来自全国各地的人才,包容性强,思想开放,易于接受新鲜事物……这些因素都吸引了沃尔玛选择深圳。

沃尔玛在深圳铺设的力度改变了本土零售业的原有格局。洪湖的购物广场总营业面积达到1.78万平方米,福田香蜜湖的山姆会员店的营业面积则多达1.4万平方米,同时带有400余个停车位。两家店的面积之和比当时三个本地百货公司的总和还多出1万多平方米。这让本土零售企业感到了压力,我记得当时媒体连续数日对沃尔玛进行报道，标题为"狼来了"!

自我加入沃尔玛到商店开业，有长达8个月的培训期，期间发生了很多难忘的故事，例如卖会员卡。沃尔玛山姆会员店实行会员制，这种先付钱再购物的消费模式在当时是相当超前的。开业前一个多月，所有的管理层都要上街做会员推广，当时连宣传单都没有，公司只给我们看过一些美国山姆的照片，让我们对外宣传，这是一家美国公司，商店在香蜜湖，可以买到很多进口商品，并且是全市最低价，但是要交150元的会员费。

其实我当时心里没有底气。因为在那个时候，深圳人的平均工资只在600—700元，150元一个主卡、50元一个副卡，这样的价格掏出钱包时还得掂量掂量，而且掏了钱还不能马上买商品，得等到数月后开业才能买。

············

为了完成业绩，我的先生成了我的第一位会员，同时也让我们的朋友成为了我的会员。我相信，每一位销售都会先把自己熟悉的人变成自己的会员。由于深圳年轻人多，比较乐意接受新鲜事物，有些公司甚至将山姆会员卡作为福利发放给他们的员工。在开业前，福田的山姆会员店已经累计拥有近4.4万名会员、超过330万元会费收入。这绝对是当时开业前的一个奇迹。

············

2008年的金融危机，让北美、欧洲的经济受到很大冲击，零售行业尤甚。不过对中国的影响还好，那时候深圳经济发展迅猛，整个社会财富都呈向上增长态势，商店业绩也不断地往上走。圣诞节之后，我们欣喜地发现香蜜湖的田山姆会员店的销售业绩超过了美国，首次成为沃尔玛全球一万多家店中销售额最大的门店。往后连续7年至今，福田香蜜湖山姆会员店都是沃尔玛全球销售冠军，创造了另一项销售奇迹。

现如今，沃尔玛已从深圳开始辐射全国，在全国166个城市开设了416家商场、9家干仓配送中心和11家鲜食配送中心。沃尔玛中国内部常常把洪湖店和福田香蜜湖店称作是"黄埔军校"，为全国其他城市的沃尔玛商店输送了多名高层管理者，他们当年在深圳磕磕碰碰摸索出来的市场经验，在全国范围都有着借鉴意义。

（节选自2015年9月16日《深圳晚报》）

5. 深圳第一家日本外商独资企业，
也是中国第一家日商独资企业：
三洋电机（蛇口）有限公司

　　在深圳市蛇口工业区的一幢标准厂房楼上，竖立着一个巨大的SANYO霓虹灯招牌，那里就是日本在中国开办的首家独资企业——三洋电机（蛇口）有限公司的所在地。

　　蛇口工业区在深圳市西部，南头半岛的前端，与香港新界的元朗只有一水之隔。二十世纪七八十年代，蛇口率先发展"三来一补"产业。1982年底，蛇口水湾头村临海的滩头土地上，6栋体量硕大外观新颖的四层工业厂房横空耸立。

　　蛇口工业区的迅速发展，引起了中外客商的广泛注意。1983年1月，日本三洋电机株式会社首次派人到深圳特区考察，对蛇口工业区良好的投资环境留下了深刻的印象，当时便决定在蛇口兴办企业，租用工业区提供的标准厂房，生产三洋电子产品。3月，三洋株式会社副社长亲自到蛇口考察，决定扩大投资，扩大生产范围，改租厂为买厂，以便长期发展生产。4月，他们买下了一幢总面积16,000平方米的标准厂房，经过几个月的筹建，8月便投入了生产试验。9月，三洋在这里开始了它在中国大陆的第一次生产。

　　（原载于《国际贸易》1984年第4期）

　　早晨，成群结队的打工妹，穿着清一色的工作服，走进车间，一排排坐着，开始了一天的"流水线"工作。傍晚时分，当晚霞染红了天空，女工们又簇拥着走出厂区铁门。这是电视剧《外来妹》中的场景，也是昔日三洋厂房的真实写照。当年，陈小艺主演的《外来妹》，就是取景于当时的三洋厂房。三洋厂房位于深圳蛇口太子路，紧临海上世界，总占地面积4.4万平方米，总建筑面积9.6万平方米，共有6栋厂房，1980—1983年间建造而成，是改革开放最早时期的"三来一补"厂房之一。二十多年来，先后有近百家不同性质的劳动密集型企业入驻，其中时间最长、最著名的就是日本的三洋株式会社，因此，人们习惯上都通称此地为"三洋厂区"。

（原载于2011年4月29日"经济观察网"）

三、深圳印象，问西问东

深圳外企外籍人士访谈录 21世纪10年代

1号受访者

受访者基本情况

受访者：CJJ Thianger先生

国籍：马来西亚

年龄：40~50岁

专业：机械电子

职业：亚洲区品质经理

在深圳工作生活的时间：13年

选择来深圳工作的原因：

广东省具有成熟完善的供应链。

请问您对深圳的第一印象：

城市整体发展好，文化底蕴丰富，商业发展机遇强。这是一座以科技为驱动力的城市，无论是私营企业还是政府运营的单位，都基于科技发展理念。

请把深圳和令您印象深刻的另一个城市进行比较：

从未来发展的趋势和状况看，深圳目前比香港更先进。

请描述一下深圳和您以前所在的城市之间的各种差异：

我来深圳之前工作和生活的城市是马来西亚槟城，13年后，我看不到该城市有什么明显的发展和进步。但是13年间，深圳的经济增长非常强劲。

　　请描述您所从事的工作的大环境和情况：

　　深圳的城市公共交通衔接良好，城市一年比一年清洁，尤其是在人文方面，在对环境的自我意识方面更加完善。

　　请描述一下您对当地的同事总体印象：

　　和我在同一家公司工作的同事们都非常喜欢深圳，但是他们都觉得深圳的生活成本太高了，房子很贵，各种消费也很高，生活费等各项支出实在是太高了。他们爱深圳的生活，但不爱深圳的生活成本。

　　请问您是已婚人士还是正在谈恋爱？对方是中国人吗？

　　我已经结婚了，我和我妻子都来自马来西亚槟城。

　　请问您觉得深圳的天气怎么样？它和您的家乡有很大的不同吗？

　　深圳的天气可以接受，不是很冷，和我之前所处的热带气候相比，我当然很容易接受深圳这种气候。

　　请问您最喜欢深圳的何种食物？（小吃、本地蔬菜、水果、饮料……）

　　在深圳，你可以很容易地吃到各种各样的食物，甚至是国际食品。目前，我最喜欢的还是四川菜。广东菜是我最常食用的食物，但就口味而言，四川菜更具吸引力，非常麻辣，非常刺激，然而我不能吃太多四川菜，偶尔吃一下便好。

　　您最喜欢深圳的哪家餐厅？

　　我最喜欢四川菜馆巴蜀风。

　　您最喜欢的深圳的文体设施是什么？

我以前在软件科技园的总裁俱乐部打乒乓球，这家俱乐部对外开放，虽然服务比较一般，但我发现这里还是吸引了很多人来打乒乓球。乒乓球在深圳乃至中国都是很普遍的运动，同时它也是一项能带来很多乐趣的游戏。你可以遇到很多喜欢这种游戏的人。

您觉得深圳这边的住房条件和居住环境如何？

深圳市住房很便利，我比较青睐安保服务完善的住房。这里的市民在花园小区里生活得很和谐。

您觉得深圳这里的交通怎么样？

我觉得这里的火车和公共交通，是我到过的所有国家中最好的。中国的高铁还有公交系统真是太发达了。

您觉得深圳的医疗保障情况如何？

深圳的医疗保险覆盖范围很广，只要你愿意去预约去排队轮候。如果是一般的普通的小毛病，我会去本地的社康。我也去公立医院看过病，拿公立医院和私立医院作比较，目前我倾向于选择港大医院。港大医院的收费合理，服务水准高。

您的孩子在深圳上学吗？是本地或是国际学校？你认为它怎么样？

我的孩子上国际学校，因为我们不可以或者说没有资格在当地学校入学。除非深圳能放开本地学校，提供给外国人作为选择。如果深圳在孩子的学校教育方面对外国人有更好的照顾政策，我很愿意成为其中的一员。

您觉得还有其他什么好的公共服务项目？

我喜欢淘宝。（受访者误以为购物网站淘宝是一个公共服务项目，作者注。）

2号受访者

受访者基本情况

受访者：Hophiniathee 先生

国籍：印度

年龄：25~30岁

专业：工程学

职业：高级声学工程师

在深圳工作生活的时间：4年

选择来深圳工作的原因：

深圳是中国的电子和科技中心，它提供许多机会和良好的生活质量，它的气候很好，不是那么冷，城市绿化和干净程度都让我喜欢。而且另一个便利条件是深圳靠近香港，这使得我不论是到国外旅行还是回我的家乡印度都非常方便。

您来深圳多长时间了？您是怎么来到深圳的？

我在深圳生活了大约4年，2014年我第一次来深圳，那时我是来出差的，当时我在印度工作，我们公司派我来拜访位于深圳周边的一些供应商。年底时我决定到深圳来发展，并在2015年初找到了工作。

请问您对深圳的第一印象：

我没想到深圳的现代化程度这么高，这么发达，城市里到处都是高层建筑，良好的基础设施、宽阔的道路。城市的绿化非常好，道路两侧有许多树木花草，而且深圳有极好的公共交通，这些都是我第一次来深圳时印象非常深刻的事情。

请描述一下深圳和您以前所在的城市之间的各种差异：

我在印度的浦那待了两年，然后搬到了深圳。浦那也是一个信息技术和自动化技术的中心。但浦那几乎没什么可以拿来和深圳作比较的，我应该承认，深圳在公共交通方面比浦那要好得多。深圳的交通非常便利，与周边城市建立了发达的交通网络。深圳比浦那更清洁。两个城市都为年轻人提供了充满活力的夜生活。当然，深圳的生活成本是比浦那还要高得多，尤其是房租这一块。

请描述您所从事的工作的大环境和情况：

我所在的公司是音响行业的市场领导者之一，我对从事音响行业充满激情，我非常为自己是一名声学工程师感到骄傲，声学是个很特殊的领域，在印度很少有人选择这个行业。这也是我选择在中国工作的原因，可以说中国是全球扬声器制造中心，这里遍布了各种扬声器公司。因为我在跨国公司工作，我的大多数同事都会说英语，所以，我没有太多的沟通问题。我很容易接受这里的工作文化和环境，在这方面不会遇到太大的挑战。

请描述一下您对当地的同事总体印象：

我的同事非常支持我的工作，他们在很多方面都对我提供了非常多的帮助。他们在我刚到中国的日子里照顾我，帮我在深圳安定下来，帮忙找房子，帮我点午餐，带我在整个深圳市转悠，等等。起初我经常向同事们求助，因为我不能读、写或说中文。他们毫无歧视地接纳了我。总的来说，我觉得中国人很好，非常热情好客。同事们在业余时间教我中文，鼓励我说中文，尽管我的发音很糟糕，错误百出。同事们对印度也很好奇，有时他们会问有关我的国家和文化方面的一些奇怪的问题。顺便说一下，我是公司里唯一的印度人。

请问您是已婚人士还是正在谈恋爱？对方是中国人吗？

我已经结婚了，我和我妻子都是印度人。

请问您觉得深圳的天气怎么样？它和您的家乡有很大的不同吗？

这里的天气很好，和我的家乡没什么区别，我的家乡也是海边的城市。然而，在夏天，我的家乡比深圳更热，达到40度以上。这里的冬天比我的家乡稍微冷一些，但与上海这样的城市相比就不算冷了。这里的冬天经常是很暖和很舒服的。

请问您喜欢深圳的饮食吗？（小吃、本地蔬菜、水果、饮料……）

这里有很多的美食选择，来自中国各个省份的餐厅，以及许多的国际餐厅。起初，我根本吃不惯中餐，难以下咽。但是现在，我爱上了中国菜，像火锅、烧烤和鱼头等这些美食我非常喜欢。我发现了一些以前从未见过的奇特水果，比如荔枝、火龙果和龙眼等。枣子是我的最爱。

您最喜欢以及最不喜欢的食物分别是什么？

我最喜欢的食物是烤鱼、椰子鸡和剁椒鱼头。我最不喜欢的是包子和宫保鸡丁。

您最喜欢深圳的哪些餐厅？

我最喜欢的餐馆是探鱼，还有四季餐馆。

您最喜欢的深圳的娱乐场所是什么？

我很喜欢深圳的海上世界、深圳湾公园、华侨城的欢乐海岸、COCO Park(购物公园)等，这些地方非常漂亮，有些地方既可以玩也可以购物和品尝美食，让人感受丰富多彩的都市生活。深圳的房价很高，而且是一年比一年高，像其他深圳本地的市民一样，逐渐攀升的房屋价格令我担忧。除此之外，一切都很好，居住环境也很好，深圳让人感觉很安全。对我来说，非常方便的是你可以用你的手机钱包支付一切。在公共事业、地铁等各方面也都非常好。到处都是超级市场和购物中心。如果你知道如何从网上商店购买东西，比如京东和淘宝，生活会因此变得无比简单和方便。

您觉得深圳这里的交通怎么样？

深圳的公共交通很好，地铁很方便，很少发生交通堵塞，为出行节省了很多时间。在地铁建设方面，我刚来到这里的时候，深圳只有五条地铁线，但现在已经是八条了，仅仅在四年时间内就扩建了这么多条线路。不像我的家乡印度的公交车，这里的电动公交车非常先进，不会发出任何噪音或污染。计程出租车也非常好，而且你不必担心计程车会宰客，向你多收钱。它是打表计费，无须讨价还价。

您觉得深圳的医疗方面的情况如何？

我不太清楚，但我听说设施很好，但同时相当昂贵，我带我太太去医院看过病，那家医院非常干净整洁，我无法辨认它是哪种医院。但是，我觉得药物是十分昂贵的。

您觉得深圳有哪些公共服务项目是做得很好的？有哪些是需要改进的？

我觉得银行的工作人员很好，办事效率很高，虽然以前会遇到一些交流上的困难，因为他们几乎都不会讲英语，但是工作人员都很友好，很乐于帮助我们。除了银行，像其他地方，比如当地派出所或出入境管理局等，最近在许多公共服务机构可以看到越来越多的工作人员能说英语了。

外籍人士访谈录中的姓名为化名，由深圳中智经济技术合作有限公司热诚支持完成，特此鸣谢。（作者注）

后记

改革开放40年来，中国利用外资的水平稳步提高，吸收外资规模连续26年位居发展中国家首位，利用外资质量和效益不断提升。官方数据显示，"十二五"期间，我国实际使用外资金额累计达到6330.5亿美元。跨国公司在我国的投资地区总部、研发中心超过2800家。外商投资企业为我国经济发展作出了重要贡献，对我国开放性经济发展、产业转型升级、对外贸易增长、国际收支稳定、保障就业等发挥了积极作用。截至2018年年底，深圳市累计实际使用外资达998.53亿美元，全市设立的外商投资企业为14834个。

外企的进入，是一场互利共赢的相遇，这不但使外资获得了巨大的市场空间和发展前景，同时也给中国人的观念、行为方式等带来了震撼和改变。

作为曾经在跨国公司工作多年的外企人，作为在全国改革开放最前沿城市的市民，作为改革开放的切身受益者，我觉得有责任将外企职场的多元文化的碰撞，以及外来理念对本土思潮的冲击等种种感受和故事记录下来。这是我们和深圳这座城市共同成长的见证，这是我们留在深圳这座城市不可替代的印记。

本书沿着改革开放的时间脉络，着重选取了20世纪90年代到21世纪10年代期间的几个重点时间段，构筑了若干大的叙事板块。其间穿插了跨越千禧年、抗击非典、喜迎奥运、汶川大地震等重大社会事件作为背景，细致地再现了深圳这座国际化都市里的外籍人士的职场和生活原貌，生动地描绘了外商投资企业的中方和外方员工的集体群像。重温了借由改革开放进入深圳的那些世界知名外企给深圳人带来的难以忘却的记忆，以及生活方式的重大改变。

全书在史中叙事，在叙事中成就史，力图展现给广大读者一个国际化、现代化并稍带些许历史感的深圳。我们亲历，我们见证，我们记录，我们思考，我们缅怀……因为这是我们的深圳。谨以此书作为深圳经济特区建立40周年的见证和献礼。

书中正文部分的人物及公司名称等皆为化名。

此书得到深圳外商投资企业协会、深圳中智经济技术合作有限公司、深圳市对外劳动服务有限公司等单位的鼎力支持，由衷感谢。其中外籍人士访谈录由深圳中智经济技术合作有限公司热诚支持完成，特此鸣谢。深圳外商投资企业协会，提供了许多珍贵的历史图片和翔实的文献资料，在此再次特别致谢。

感谢所有关心和帮助《漂洋过海来深圳》一书出版的人。

杨点墨

2020年1月 于深圳

首部深圳人文
大型文库

…，奔赴这个叫"深圳"的地方，一个充满魔力的Neverland（梦幻岛）……根据深圳外事服务部门的数据显示，2015年，深圳市临住外国人为115.2万人次，比2014年增加17.4%;常住外国人26579人，比2014年增18747人，占总数的70.5%。全市涉外单位（机构）共11319家，世界500强企业在深设立分公司的超过260家。2017、2018年的数字在此基础上逐年增加。这样在深圳的外籍人士有一个共同的名字：Expatriate（老海，梦国鹏城的九零年代 安格斯先生是随着汉堡一起来到深圳 安格斯先生毕业自美国的名校，在来深圳接受某外资公司亚太区财务总监这个职位之前，他一直在美国的大公司做财务总监。这家位于罗湖的大厦洲面孔和魁梧欧美身材的安格斯先生。完满了她的东方梦。安格斯先生的父亲是1949年以前从大陆移徙至台湾的，他到美国读完大学后便留在北美工作。在中国面的巨大差别，由此产生的文化误解和文化冲突会增加交易成本，从而成为不可预估的阻力。在"回"中国工作之前，他和太太通过各种渠道尽可能详细地了解中…最后把产品提供给外商，获取相应的回报。根据中国《人民日报》的记载，当时深圳极积引进外资、发展生产、扩大对外贸易，与香港客商逐步发展成以自产产品为主的"三资"企业，即中外合资经营企业、中外合作经营企业、外商独资经营企业，其中较大型的有康佳工厂、中华自行央决定在深圳、珠海、汕头、厦门四个城市设立经济特区，以及对天税等优惠政策吸引外商。嗖到改革开放春天，…商投资企业的自主权，减少行政干预，改善投资环境，使外商投资更加法治化、便利化，国务院制定了《…可观的异地安家费，子女在香港的教育开支，还提供给偶以异国文化方面的融入适…程中如果出现什么状况的话，可以便于避利避弊。国务给外大高级职…岸，夜以继日繁忙地吞吐着在深港两地间穿梭往来的巨人流，这。公司选择在江…的能力。很多刚从内地来深圳的会计人员甚至都没使用过道风层。 外资投资企业抢滩中国的时候，由于不太熟悉大陆的情况，…落实到位。 在安格斯先生组建的财务部亚太区中级管理层…太太深知，诱惑无处不在，只有严防死守才能消除种种的威胁。不…得，和太员工精显亲近。午餐时间的白领食…比如，财务经理雷先生有一次带新招的出纳主管到银行…还没准备好好接受国际口味的检阅和评判，一个女雇…籍员工之上。此外，他也觉得自己的英文…之中级的岗位? 在早先国人的意识里，"留学"是个金字…分别和两个大陆同事谈起了恋爱，而且这两个女白…了婚。因为在外企，夫妻是不可以同在一个涉及…这都是后话。瓶颈 英语能力是制约深圳本土员工…务专业的英文试卷，同时，…和CET6（大…总部拟追加在大陆的投…，生产线的工人比较令人头痛，他们以长…状况失望而离开。这引薪资…让行动即将换过一张新的。他偶尔会摩挲一…国的大事故——15人死亡、100名…的薪酬待遇，只能坐视畸高的离职率，白…场训练后这些问题都…的样子叫好，热烈地拍拍手掌; 看着…之后，这个曾是全球手…了一颗忠心丸。中国的外资投资环境开发…资企业往往能享受超国民待…影响吗? 自己是要继续留…终会美梦成真的神话。第二章:…回到办公室上班，卜…400米的跑道烟花同时燃放，…达小姐心里隐隐有些失望。晚上卜…万亲的是都有惊无险。卜琳…他们无论如何也不会让英国人出…商，一向是基本每天最晨见到的地方，所以…一起的，充斥着纸醉金迷的魅惑，以…友和酸菜饺子不对路，还是晚上在珠海当地的大…琳达小姐原是这个部门的小秘书——采彩…奂销售创出之了，总经理秘书又刚好辞职回家生小孩去了，空…级的卜琳达小姐于是成考了个人力资源管理师。真是…琥凰，并且每半年或每一年的绩效考评时，会严格地案扣职位晋级描述…工一样，他也要打卡。公司的考勤制度非常严格，每天大点半之前要整个人大中华…不可思议。但是等她逐渐熟悉了科达康公司的企业文化后，觉得这种考勤管理，是防…伊"中，有专人班时间的着装现定在深圳科达康公司这边流淌起来是有些尴尬的。员工…周五是的，所有员工都可以穿休闲装。但是一线部门如果碰巧在周五的休闲装日要见客，那还不…为女老板着想，注意上，笑着小声讲握着她——些男同事一边端笑着…否备用服务。副总裁他们之后，安东尼先生把卜琳达小姐叫进办公室，说明才刚忽略反映，深圳公司这边某些员工在着装方…去所说的这些表示赞赏，不论是直觉还是事事实，都在逐步显示着; 面前这个即便是大笑时嘴角也带着若若…无手无名指上的方形钻戒，衬衫袖口的银质扣针，银质领带夹。当然，坐得近些的人，应该还会闻到安东尼先生…虽然男人打扮的努力，财力方面并不太足的方格…衬衣每天整洁，衬衣每天整洁干净几乎了几水了，上面…个、职位: O代表打的、对象。TPO原则是世界通行的着装打扮的三项最基本的原则。它要求着装不但要符合时令，而且要与所处的场合环境相…的品甲，汉语里有个词叫"丢盔弃甲"，那是用来形容打了败战的loser（失败者）的，我们在座的各位都是面试中过五关斩六将之后进入科达康公司的…请琳顾整个会场，发现卜琳达小姐正和旁边的人小声嘀咕，便笑着叫她的名字: 点啊? 有没有觉得我影响啊? 卜琳达小姐述忙也用粤语大声道出…面前站着的华人同事也低低害真，一个一新加坡的财务总监的英国绅士，安东尼大声用中文反复的上海话。在深圳科达康，安东尼先生从不用…有什感觉好特别。卜琳达小姐于是又连忙用国语跟大家解释一下"讲座咪"是什么意思，然后提醒安东尼进入下一个步骤，讲请着装要避免的问题。安东尼先生想了想，说刚要着装有"八戒"，大家可明白…白色袜子是留着运动的时候或者白色西装的婚纱照时才穿吗。二戒: 西袜太细、裤脚盖过脚面2到3公分为宜，以免在走动时露出袜子的颜色，特别是犯了忌穿了刚才说的白色袜子，走起来就像踩着两朵白云…六戒……七戒……八戒……这次会议之后，卜琳达小姐很少再听到有人抱怨: 打着领带很容易被混同于拉保险的或者是地产中介了。原先着装素脸上班的几个年龄稍长的女同事也化妆了波妆。难怪

总策划 / 出版人：

胡洪侠

策划编辑：

孔令军

责任编辑：

岳鸿雁

技术编辑：

林洁楠 杨杰

装帧设计：

杨军

图书在版编目（CIP）数据

漂洋过海来深圳 / 杨点墨著. —深圳 : 深圳报业
集团出版社, 2020.9
  ISBN 978-7-80709-935-2

  Ⅰ. ①漂… Ⅱ. ①杨… Ⅲ. ①报告文学—作品集—中
国—当代 Ⅳ. ①I25

  中国版本图书馆CIP数据核字(2020)第158719号

深圳市文化创意产业发展专项资金资助项目
《我们深圳》文丛

漂洋过海来深圳
Piaoyang-guohai Lai Shenzhen
杨点墨 / 著

深圳报业集团出版社出版发行
（深圳市福田区商报路2号　518034）
中华商务联合印刷（广东）有限公司印制
新华书店经销

开本：889mm×1230mm　1/32
字数：170千字
版次：2020年9月第1版　2020年9月第1次印刷
印张：8
ISBN 978-7-80709-935-2
定价：50.00元